雷海宗文集

雷海宗杂论集

雷海宗 —— 著

天津出版传媒集团

天津人民出版社

图书在版编目（CIP）数据

雷海宗杂论集 / 雷海宗著. -- 天津：天津人民出版社, 2016.3
（雷海宗文集）
ISBN 978-7-201-10156-9

Ⅰ.①雷… Ⅱ.①雷… Ⅲ.①雷海宗（1902~1962）
-文集 Ⅳ.①K825.81-53

中国版本图书馆 CIP 数据核字(2016)第 040752 号

雷海宗杂论集

LEI HAIZHONG ZALUN JI

雷海宗 著

出　　版	天津人民出版社
出版人	黄　沛
地　　址	天津市和平区西康路 35 号康岳大厦
邮政编码	300051
邮购电话	（022）23332469
网　　址	http://www.tjrmcbs.com
电子信箱	tjrmcbs@126.com
策　　划	任　洁
责任编辑	任　洁
特约编辑	金晓芸
装帧设计	王　烨
责任校对	邱　珺
经　　销	新华书店
开　　本	880×1230 毫米　1/32
印　　张	6.875
字　　数	150 千字
版次印次	2016 年 3 月第 1 版　2016 年 3 月第 1 次印刷
定　　价	55.00 元

目　录

君子与伪君子

观察中国整个的历史，可能的线索甚多，每个线索都可贯串古今，一直牵引到目前抗战建国中的中国。"君子"一词来源甚古，我们现可再用它为一个探讨的起发点。

"君子"是封建制度下的名词。封建时代，人民有贵贱之分，贵者称"士"，贱者称"庶"。"君子"是士族阶级普通的尊称；有时两词连用，称"士君子"。士在当时处在政治社会领导的地位，行政与战争都是士的义务，也可说是士的权利。并且一般讲来，凡是君子都是文武兼顾的。行政与战争并非两种人的分工，而是一种人的合作。殷周封建最盛时期当然如此，春秋时封建虽已衰败，此种情形仍然维持。六艺中，礼、乐、书、数是文的教育，射、御是武的教育，到春秋时仍是所有君子必受的训练。由《左传》《国语》中，可知当时的政治人物没有一个不上阵的。国君也往往亲自出战，晋惠公竟至因而被虏。国君的子侄兄弟也都习武。晋悼公的幼弟杨干最多不过十五岁就入伍；因为年纪太轻，以致扰乱行伍而被罚。连天子之尊也亲自出征，甚至在阵上受伤。如周桓王亲率诸侯伐郑，当场中箭。当兵绝非如后世所谓下贱事，而是社会上层阶级的荣誉职务。平民只有少数得有入伍的机会，对于庶人的大多数，当兵是一个求之不得的无上权利。

在这种风气之下，所有的人，尤其是君子，都锻炼出一种刚毅不屈、慷慨悲壮、光明磊落的人格。"士可杀而不可辱"，在当时并非寒酸文人的一句口头禅，而是严重的事实。原繁受郑厉公的责备，立即自杀。晋惠公责里克，里克亦自杀。若自认有罪，虽君上宽不责，亦必自罚或自戮。鬻拳强谏楚王，楚王不从；以兵谏，楚王惧而听从。事成之后，鬻拳自刖，以为威胁君上之罪罚。接受了一种使命之后，若因任何原因不能复命，必自杀以明志。晋灵公使力士鉏麑去刺赵盾，至赵盾府后，发现赵盾是国家的栋梁，不当刺死，但顾到国家的利益，就不免违背君命；从君命，又不免损害国家。所以这位力士就在门前触槐而死。以上不过略举一二显例，类此的事甚多，乃是当时一般风气的自然表现。并且这些慷慨的君子，绝不是纯粹粗暴的武力。他们不只在行政上能有建树，并且都能赋诗，都明礼仪，都善辞令，不只为文武兼备的全才。一直到春秋末期，后世文人始祖的孔子，教弟子仍用六艺，孔子自己也是能御能射的人，与后世的酸儒绝非同类的人物。

到战国时，风气一变。经过春秋战国之际的一度大乱之后，文化的面目整个改观。士族阶级已被推翻，文武兼备的人格理想也随着消灭。社会再度稳定之后，人格的理想已分裂为二，文武的对立由此开始。文人称游说之士，武人称游侠之士。前者像张仪以及所有的先秦诸子，大半都是凭着三寸不烂之舌，用读书所习的一些理论去游说人君。运气好，可谋得卿相的地位；运气坏，可以招受奇辱。张仪未得志时，曾遭楚相打过一顿，诬他为小偷。但张仪绝不肯因此自杀，并且还向妻子夸口：只要舌头未被割掉，终有出头露面的一天。反之，聂政、荆轲一类的人物就专习武技，谁出善价就为谁尽力，甚至卖命。至于政治主张或礼仪文教，对这些人根本谈不到。所以此时活动于政治社会上的人物，一半流于文弱无耻，一半流于粗暴无状。两者各有流弊，都是文化不健全的象征。

到汉代，游侠之士被政府取缔禁止。后世这种人在社会上没有公认的地位，但民间仍然崇拜他们，梁山泊好汉的《水浒传》就是民间这种心理的产品。

汉以后所谓士君子或士大夫完全属于战国时代游说之士的系统。汉武帝尊崇儒术，文士由此取得固定不变的地位。纯文之士，无论如何诚恳，都不免流于文弱、寒酸与虚伪；心术不正的分子，更无论矣。唯一春秋以上所遗留的武德痕迹，就是一种临难不苟与临危授命的精神。但有这种精神的人太少，不能造出一个遍及社会的风气。因为只受纯文教育的人很难发挥一个刚毅的精神，除非此人有特别优越的天然秉赋。可惜这种秉赋，在任何时代，也是不可多得的。

至于多数的士君子，有意无意中都变成伪君子。他们都是手无缚鸡之力的白面书生。身体与人格虽非一件事，但一般的讲来，物质的血气不足的人，精神的血气也不易发达。遇到危难，他们即或不畏缩失节，也只能顾影自怜的悲痛叹息，此外一筹莫展。至于平日生活的方式，细想起来，也很令人肉麻。据《荀子》记载，战国时代许多儒家的生活形态已是寒酸不堪。后世日趋愈下。汉代的董仲舒三年不涉足自己宅后的花园，由此被人称赞。一代典型之士的韩愈，据他的自供，"年未四十，而视茫茫，而发苍苍，而齿牙动摇"。这位少年老成者日常生活的拘谨迂腐，可想而知。宋明理学兴起，少数才士或有发挥。多数士大夫不过又多了一个虚伪生活的护符而已。清初某理学先生，行步必然又方又正，一天路上遇雨，忽然忘其所以，放步奔避。数步之后，恍然悟到行动有失，又回到开始奔跑的地方，重新大摇大摆地再走一遍。这个人，还算是诚恳的。另外，同时又有一位理学先生，也是同样地避雨急走，被旁人看见指摘之后，立刻掏腰包贿赂那人不要向外宣传！这虽都是极端的例子，却很足以表现一般士君子社会的虚伪风气。这一切的虚伪，虽可由种种方面解释，但与武德完全脱离关系的训练是要负最大的责任的。纯文之士，既无自卫的能力也难有悲壮的精神，不知不觉中只知使用心计，因而自然生出一种虚伪与阴险的空气。

我们不要以为这种情形现在已成过去，今日的知识阶级，虽受的是西洋传来的新式教育，但也只限于西洋的文教，西洋的尚武精神并未学得。此次抗战这种情形暴露无遗。一般人民，虽因二千年来的募兵制度，一向是顺民，但经过日本侵略的刺激之后，多数都能挺身抵抗，成为英勇的斗士。正式士兵的勇往直前，更是平民未曾腐化的明证。至于知识阶级，仍照旧是伪君子。少数的例外当然是有的，但一般的知识分子，在后方略受威胁时，能不增加社会秩序的混乱，已是很难得了。新君子也与旧君子同样的没有临难不苟的气魄。后方的情形一旦略为和缓，大家就又从事鸡虫之争；一个炸弹就又惊得都作鸟兽散。这是如何可耻的行径！但严格讲来，这并不是个人的错误，而是根本训练的不妥。未来的中国非恢复春秋以上文武兼备的理想不可。

征兵的必要，已为大家所公认，现在只有办理方法的问题。目前的情形，征兵偏重未受教育或只受低级教育的人，而对知识较高的人几乎一致免役。这在今日受高深教育的人太少的情况之下，虽或勉强有情可原，但这绝非长久的办法。将来知识分子不只不当免役，并且是绝对不可免役的。民众的力量无论如何伟大，社会文化的风气却大半是少数领导分子所造成的。中国文化若要健全，征兵则当然势在必行，但伪君子阶级也必须消灭。凡在社会占有地位的人，必须都是文武兼备，名副其实的真君子。非等此点达到，传统社会的虚伪污浊不能洗清。

（原载昆明《今日评论》1939 年 1 卷 4 期，1939 年 1 月 22 日）

学者与仕途

　　最近行政院院长翁文灏先生在首都对十科学团体联合年会演讲时说:"科学家宁可饿死,也不能去作别的事!"翁先生以学者而做官已到首揆之尊,竟说出这样的话,其惹人注意是很自然的,话中含有无限的感慨与隐痛也是显然的。但我们不愿对个人多所揣测,我们只愿趁此机会谈一谈翁氏所提出的一个根本问题,就是学者入仕的问题。

　　学而优则仕,甚至学尚未优也要勉强去向仕途钻营,在过去的中国本是常事,也是大家所认为当然的事。这在过去,确也有它不得不如此的道理在。过去一个读书人,除了做官外,的确无事可做。今日一切的社会事业以及其他与政治无关的工作机会,在过去根本不存在,除做官外并无任何事业可言。固然,一个人既然读书明理,尽可关起门来修身养性,但这种过高的理想不能望之于一般的凡士。所以我们站在今日的立场而对过去整个的局面下断语尚无不可,若不顾其他而专指摘"学而优则仕"的现象,则为不负责任与忽略实情的苛论,不可为训。

　　近代的中国,尤其民国以来的中国,整个的政治社会局面都在发生剧烈的变化,我们的国家虽尚未达到十足现代化的境界,入仕虽然仍是读书人相当重要的一条途径,但我们确已超过非"学而优则仕"不可的阶段。今日一个人如果自信有此能力,又有此机会,同时又有此兴趣,即或是一个学有专长的科学家,仍不妨去做官。翁氏的话似乎是有所为而发,不可视为正常之理;如果把翁氏的话推到尽头,那就等于说把国家大事都给不学无术的人去管,对此恐怕翁氏绝不会首肯。但反过来讲,无此机会,尤其不敢十足自信有此能力的人，大可不必发展此种兴趣，不必转弯抹角的去求官做。今日的时代已非学而优则仕的时代，但过去养成的学而优则仕的心理仍然深入人心，稍有机会即由学场跳入官场的现象未免太多，没有机会而千方百计去钻营的现象尤其令人发生无穷的感慨。翁氏的话，除了可能的个人隐痛外，大概也就是有见于此而发的感慨。默察今日求仕的士群，我们可以发现三种不同的类型。第一种是走直路的，干脆的奔走请托。这些人尚不失为老实人，最值得人同情。第二种是走曲线的，由骂入手，希望骂得对方不能忍受时而一纸官诰送上门来。第三种是直路曲线一齐走的人：光走直路，企望甚高，一旦任命发表而嫌官阶太低时，马上一变而为清高的论客，愤激的名士，前进的导师。此种人远较第二种人高明，第二种人心里明白，知道自己是在走曲线，此种曲直并进的人却很善于自欺，沉重的怨气往往能使他们相信自己真是富于正义感的忧时之士，自己对自己也不承认所"忧"的只是官阶的高低。第一种人可令人同情，第二种人尚可令人原谅，只有第三种人既不能引起同情，也更不能叫人原谅。追根究底，这还是"学而优则仕"的传统观念在作祟，所以在根本道理上我们虽不能完全接受翁院长的说法，但为矫正目前种种可憾的表现，我们仍愿承认翁氏的话是值得有政治兴趣的学人反复咀嚼的。

（原载《周论》二卷十五期，1948 年 10 月 22 日）

张伯伦与楚怀王

　　今日张伯伦心中作何感想，只有他自己知道，连对最亲近的人恐怕他也不肯吐露真情。并且由英国人的不善于自问自省的特点看来，大概他自己也不知道他心中的味道到底是占苦辣酸甜咸的哪一种。几百年来，英国于没有充分的准备之下而被迫参战的，尚以此为第一次。对今日英国处境的困难，张氏要负大部的责任，这不只是英国反对党的门户之见，也是英国以及世界各国人士的多数看法。后世的人对张伯伦如何评判，大半要看目前欧洲战事的结果。如果英国战败，历史家一定认为大英帝国是由张氏手中断送的。即或英国战胜或两方不分胜负而妥协，后世的人最少也要说张氏是一个拿国命作儿戏的顽固人物。今日的世界，正处在一个极端无情的大时代。凡负政治重任的人，不能走错一步。一步走错，轻则丧权，重则亡国。路线走错之后，无论如何自辩自解，也不能告无罪于天下，更不能告无罪于后世。凡是强国，都有一贯的外交政策。但政策尽管不变，运用却必须灵活。从政的人最忌成见太深，成见太深必要招致愚而好自用的错误。"仇俄"是英国自十九世纪以来外交政策的主要一面，但大英帝国的政策绝不只此一面。张氏为成见所蔽，把国内政治的分野与国际政治的纵横竟然混为一谈，把"仇俄"作为全面的政策，结果遇到四百年来所未有的外交失败与战事危机，这在法治精神特别发达的英国可以引咎辞职了事，并且在下届内阁中仍能占一重要地位，若在舆论比较偏激的国家恐怕绝不会有如此便宜的下场！战事尚未结果，所以张伯伦的地位也还在未定之天。但中国在战国时有一个大国的元首，行为颇与张伯伦相仿佛，最后个人惨死异邦，把国家大局也弄得一败不可收拾，这个人就是楚怀王。

楚怀王即位于公元前三二八年。当时天下有三个强国，东为齐，西为秦，南为楚。此外燕韩赵魏是二等强国。齐楚联盟抗秦。齐靠楚的支持，乘着燕国内乱的机会，把燕全部占领（公元前三一四年）。秦国要破坏齐国的优势，于是在次年就派善于辞令的张仪到楚国去活动。张仪大概知道楚怀王的弱点，向他说："大王苟能楚闭关齐，臣请使秦王献商於之地六百里。"怀王大喜过望，一般承颜色的臣子也都称贺。只有陈轸一个不贺，并且谏楚王说：

> 臣见商於之地不可得，而患必至也……夫秦所以重王者，以王有齐也。今地未可得而齐先绝，是绝孤也。秦又何重孤国？且先出地后绝齐，秦计必弗为也。先绝齐后责地，且必受欺于张仪。受欺于张仪，王必惋之。是西生秦患，北绝齐交，则两国兵必至矣。

楚怀王不听，一面派人绝齐，一面派人随张仪到秦国去接收土地。到秦国后，张仪忽然堕车受伤，三月不朝也不能见客。楚国的使臣向秦索地，秦人把一切责任都推到张仪身上。三月之后，秦国已得了齐楚完全绝交的可靠情报，同时秦也暗中已与齐定了同盟条约，张仪的伤也已养好，出来向楚国的使臣说："从某至某，臣有奉邑六里，愿以献大王左右！"楚使说："臣闻六百里，不闻六里！"张仪："仪固以小人，安得六百里？"

使臣回国报告之后，怀王大怒，要发倾国之师攻秦。陈轸阻谏，劝他以国事为重，不要完全以个人的好恶去决定国家的最后政策。怀王不听，楚攻秦，齐助秦夹击楚，楚国大败，数百年来国防要地的汉中也丧于秦国（公元前三一一年）。秦既得了汉中，从此可随时威胁楚国的心腹之地。

秦楚的关系僵持了许久，后来两国算是又言归于好，怀王的太子并往秦作质子（公元前三〇三年）。但太子终有太子的脾气，次年在秦宫中杀人，畏罪逃回楚国。这正好给了秦国一个再向楚进攻的藉口。自从十年前的一着失算，楚的国力已经大削，此次结果又被秦打败。至此怀王才想到旧梦重圆的计策，又与齐联盟，并派太子到齐作质（公元前三〇〇年）。秦见齐楚又合，于是次年遣书楚王：

> 始寡人与王约为弟兄，盟于黄棘，太子为质，至欢也。太子凌杀寡人之重臣，不谢而亡去，寡人诚不胜怒，使兵侵君王之边。今闻君王乃令太子质于齐以求平。寡人与楚接境壤界，故为婚姻，所从相亲久矣。而今秦楚不欢，则无以令诸侯。寡人愿与君王会武关而相约，结盟而去，寡人之愿也，敢以闻下执事！

群臣多劝怀王勿往秦赴约，以免受骗。但怀王居然仍以秦的诺言为可以听信，亲往武关赴会。楚王一到秦即闭关，把楚王带到咸阳。并且秦王不肯与怀王分庭抗礼，要叫他朝拜如蕃臣。怀王大怒，拒绝见礼。秦要怀王割地，方能放他回国。怀王非先定盟回国，不肯交地。但秦要先得地，然后再放人回国。怀王屡次受欺之后，总算学了一分乖，始终不肯答应秦的要求。

二年后（公元前二九七年），楚怀王乘隙向东北逃往赵国，求赵国护送回楚。赵畏秦，不敢收留。不久秦兵居然追至赵国，挟怀王又回秦，监视加严，无从再逃。同时秦仍继续向楚进攻，屡败楚兵。到公元前二九六年，怀王愤恨发病而死。秦把怀王的灵柩送回楚国，全体的楚人无不悲悼。但楚人所悲悼的是怀王个人的命运。若由大局方面着眼，楚国的前途几乎完全是被怀王所断送的。

楚怀王在秦为虏时的心境如何，史上虽无明文，但我们很易想见他的悔恨与懊丧。今日的张伯伦大概还没有如此的可怜。但假设英国最后战败，恐怕那时的张伯伦就是第二个抱恨终天的楚怀王了！

（原载《战国策》第六期（欧战号）民国廿九年六月二十五日，1940 年 6 月 25 日）

全体主义与个体主义

——中古哲学中与今日意识中的一个根本问题

人类自文化初开群聚而居以来，有意无意间就时常遇到一个很难满意解决的问题，就是个人与团体的关系的问题。到底是个人为团体而生存，或团体为个人而存在？个人的利益高于团体的利益，或团体的利益高于个人的利益？许多的哲学家，一谈到政治社会问题时，也不免要对此煞费心思。有的时代，甚至这是哲学界的中心问题。团体高于一切的说法，可称为全体主义；个人高于一切的说法，可称为个体主义。两种主义的竞争，在各国之内与国际之间，都是人类目前的切肤问题。共产主义与各形各色的社会主义，都是有全体性的；民主主义，自由主义，个人主义，都是有个体性的，但这些名词，今日都与入主出奴的情绪搅在一起，所以本文只能用全体主义与个体主义两词，希望可以少引起一点情感的联系作用。并且当局者总不免迷惑，为摆脱我们今日所难避免的局内成见，我们似乎可对从前一个相似的时代加以研究，虽不见得能使我们解决今日的问题，但最少可叫我们对当前的局面有比较客观而深入一层的了解。在整个的人类史上，于史料许可的范围内，我们可说欧西的中古时代是对全体与个体的关系最为注意的，当时的第一流思想家都费大部的精神去推敲这个问题。

中古哲学讨论这个问题时，采取的是一个非常抽象的方式：就是共相对特相的关系。"形而上者谓之道"，共相是形而上的；"形而下者谓之器"，特相是形而下的。古今世界有无数的马，各马之间无论颜色、身材、速率、性格，以及身心的一切琐碎之点，没有两匹马完全相同。每一匹马是一个特相，并且是很"特别"很"独特"的特相。每个"特相"的马都是我们能见能闻能触的形下之器。但虽无两马相同，我们却毫不犹豫的总称古往今来所有的坐乘为"马"。似乎在一切能见能闻能触的形而下的马之外与之上，还有一切的马所以为"马"的原理，一个不可捉摸而仍然非常实在的形而上之道。否则既然没有两匹马相同，我们安能总称所有类似而不相同的四足物为"马"？一切的马所以为马的根本之理就是共相。

中古哲学家中，一派特别注意共相，认为形而上的道是唯一的实在，形而下的器只是偶然的外相，一切马所以成马的根本性质才是重要的；并且只有这个共相是实在的，一切个别的马不过是马的共相的临时表现而已。这一派的说法，在当时称为唯实主义：唯有共相是实在的。对立的一派，正正相反，所取的是一种常识的态度。具体的当然就是实在的，实在的当然就是具体的。并且只有具体的才能称为实在，只有一个一个的马古往今来实际的存在。虽然没有两匹马完全相同，但所有的马之间有许多主要的公同点，例如善走、可乘，特别是啸声，独有的鬃形等等。我们为便利起见，总称一切赋有以上各种特征的四足兽为"马"，这个"马"只是人类为自己的便利所定的"名"，本身并非实在。这一派称为唯名主义：一切所谓共相都是人定的名称，只有每个特相才是实在的。

这两派的思想，互相争辩甚烈。当初他们只谈一些不相干的例证，如马、狗、舟、车、花、木之类。但不知不觉间，他们就把注意力转移到比较切身的问题，如教会、上帝、国家等。按唯名主义的说法，教会只是许多信徒所组合而成的团体的"名"，实在的只有个个的信徒。教会属于信徒，教会可存可废，全听信徒的便利。教会为信徒的利益而存在，并不能绝对的支配信徒。这种推论当然是大逆不道，绝非当时定于一尊的教会所能接受的。再如教会对于上帝有所谓三位一体的信仰，上帝是三而一的，"三"虽然不能放弃，但当时特别著重于"一"。若按唯名的说法，所谓上帝的"一"只是虚名，实际却有三个上帝。但由正统教义的立场来看，否认上帝的"一"是荒谬绝伦的异端，必须彻底的扑灭。再者，中古时代虽尚没有特别清楚的国家观念，但当时有一个所谓神圣罗马帝国，在时人的政治意识中占很重要的地位。唯名主义也把它与教会同样的推翻，当然也非它所乐意承认。

唯名主义虽然是不合正道，唯实主义也不能负起卫道的责任，按唯实的说法，教会为唯一实在的主体，个个信徒只是属于教会而已，根本无足轻重。但当时的教会口口声声说是要解救所有的人，使每个人死后灵魂能升天堂，如何能说个人不重要？并且唯实主义讨论上帝的问题时，若推到逻辑的尽头，就成为泛神论。上帝是宇宙间最高最大的共相，至高无上，大而无外，于是上帝就与宇宙成为一体，宇宙间的一切，包括人类在内，都是上帝的一部分，都是上帝的表现，本身并无独立的存在。追根究底，只有上帝是宇宙间唯一的实在，因为上帝是无所不包的大共相。人类的灵魂即或存在，也不过是上帝神质之一粒的暂时射出，终久是要归还到上帝而失去独立存在的。既然如此，教会以及一切教会救人升天的信条典礼，可说都是庸人自扰，毫无必需的理由。

两派既然都不妥当，不久就有第三派出来，一个调和折衷的说法。提倡此说的最早名人就是十二世纪的巴黎大学教授阿贝拉。他认为特相与共相都是实在的，但特相很显然是具体而存在的，共相则不可捉摸，共相只存在于特相中。一个一个的马是实在的，但所以实在的原因，就是因为每个马都有"马"的共相贯乎其中，否则不能成马。似此，共相又属非常重要。但共相不可离特相而独立，不顾特相而只谈共相，共相就只为人心中的一种概念。所以阿贝拉的思想，当时称为概念论，这个说法，是否可以调和两极端的主义，是八百年来没有定论的一个问题。当时有许多人攻击阿贝拉，认为他的思想实际仍是一种变相的唯名论，与宗教的正道根本冲突。这种争辩，正在不得开交时，阿贝拉病死，问题也就不了了之地解决了。

共相特相的问题，到十三世纪才得到教会所认为满意的解决方案。亚里斯多德的哲学全集由回教的世界输入欧西，十三世纪的许多哲学家就费全部的精神去吸收消化这位希腊大师的思想。此种潮流的代表人物就是十三世纪中期意大利哲人圣多玛。他认为共相与特相是相对的。而非绝对的；两者都是实在的，并且是不可分的。宇宙万象，形似混乱，但由畴范与物质的观点去考察，一切却又非常清楚，任何器物都有它所以成为器物之理，就是它的畴范，就是前一世纪哲学界的所谓共相。但每一器物又有它所依据的物质基础，所谓特相的"特"点就是由物质而来。畴范虽然只有一个，但没有两匹马的物质基础完全相同，因而产生了理同器异的现象，个性个个不同的现象。再进一层，畴范与物质的关系并非绝对的。宇宙是金字塔式的，层次甚多，每级为物质，又为畴范，对下级为畴范，对上级为物质。物质为可能性，畴范为完成体；畴范是物质的目的，物质是畴范的依据。例如空气水分肥料推动一粒种子，一棵大树因而长成；种子空气水分肥料是物质，大树是畴范。把树作成门窗梁栋，树就又成为物质，门窗梁栋是畴范。门窗梁栋以及许多其他元素集合而成屋，门窗等又成为物质，屋是畴范。许多间屋合成一座建筑，屋又为物质，建筑是畴范。许多建筑合而成为一所庭园、校园或公署，建筑又为物质，院署是畴范。许多庭园公署和各种类似的建筑集团总合而成一个城市，建筑集团又成了物质，城市是畴范。再往上推，可及于一区、一国，以至天下宇宙。这不过是根据圣多玛的思想所举的一串相联的例证。宇宙间事物就是这样一串一串的无数物质畴范层叠形。宇宙间只有上帝是特殊的，他超脱于宇宙间的一切，他是纯粹的畴范，不杂有任何的物质。但他并非与宇宙无关的，宇宙间各种的畴范都靠上帝而存在。它们存在于上帝的思想中，上帝思想一物而其物存在。对于我们今日这个非宗教的时代，这个说法或者不免显得生硬，但由纯理论的立场来看，这至今仍不失为一种可以说得通的宇宙万象观。因为对于宇宙万象之所由来，我们除非是存而不论，否则非假定一个最后的无因之因不可。称这个无因之因为道，为太极，为太一，为绝对，为上帝，都同样的只是一个理所必有的假定而已。

圣多玛的思想，不久就被教会承认为正宗的哲学，历史上称他的思想为折衷唯实论：他著重于畴范，但不认畴范为绝对的。他对于上帝问题所论的那一套，与我们的主题无关，可以撇开不谈。他对于畴范物质关系的一般说法，却非常重要。物质与畴范，特相与共相，两者间的绝对关系既被打破，所以绝对的唯实论与唯名论也都变成没有意义的论说。讲到教会与信徒，教会当然是畴范，信徒是物质。但教会之所以成为教会，就是因为有信徒，无物质则畴范失所依据。反之，信徒为要实现人类的最高可能性，必须进入教会，物质而无畴范则永远不能达到它的最高目的。物质与畴范，特相与共相，并不是对立的，可说是相依为命的。个体与全体是不可分的，个体主义与全体主义都不妥当。健全稳定的时代，个体不是全体的牺牲品，全体也不是个体的工具，两者相生相成，全体靠个体而成立，个体靠全体而实现。

十三世纪是封建文化的最高峰，美满的哲学系统也于此时成立。任何稳定美满的时代，有形无形间实际都是服膺此种折衷的哲学思想的。只有在变乱的时代，极端唯实的全体主义或极端唯名的个体主义才占上风。十四世纪，封建文化渐趋破裂，哲学界唯名主义大盛。文艺复兴的运动也萌芽于此时，提倡人本主义，就是个人主义，到十五、十六两世纪间而变成意大利所风行的极端放纵的自私自利主义。同时，宗教改革运动兴起，以个人信仰自由相号召。这一切可说都是推翻封建文化与宗教文化的革命势力。到十七世纪，这种革命运动大致已经成功，以教会以封建为中心的文化局面至此已经消灭，一个新的稳定局面又已成立，历史上称之为旧制度：对内各国完全统一，对外列国维持均势，可说是一个美满的国际局面。后世的人承袭法国革命时的标语口号，对旧制度每多误会。当时的政治是普通所谓专制的，路易第十四世的"朕即国家"一语，最为后人所误解。法国的神学家包隋与英国哲学家霍布斯是此种专制政体的代言人，他们的文字，我们今日读来，虽然有时不免觉得繁琐，但我们能很清楚的明了当时对于专制君主的看法。君主不过是整个国家的象征，国家的观念已经很强，但一般人还不能想象一个抽象而无所寄托的国家，他们只能明白以一人为中心的国家形。人民当然属于国家，所以也就当然服从国家的象征，君主。君主的专制就由此而来。同时，国家也不是绝对的，君主对人民的福利必须顾到，人民有上书请愿的权利，实际也有上书请愿的事实。这也可以说是一种折衷唯实论的制度，国家与人民相依相成的局面。

旧制度的盛期，也不过百年左右。到十八世纪，尤其是十八世纪的晚期，卢梭一流的革命思想家又起，提倡人权，提倡个人的自由。不久法国的大革命爆发，以自由、平等、博爱为推翻旧制度的革命口号。星星之火，可以燎原，革命与战乱的狂潮一发不可收拾，直到一八七〇年的普法战后，才算告一段落，欧西的世界渐有呈显小康之象。但一般讲来，法国革命时期的个人主义，势力仍然相当的强大，欧美各国无论表面上如何的安定，骨子里个人主义的地位则嫌太高，所以局面总不能完全的稳定。各形各色社会主义的日趋兴盛，就是对于个人主义的一种自然反响，第一次大战后兴起的法西斯主义、纳粹主义、共产主义，以及各种各类的极权主义，代表一种更激烈的反动。第二次大战后的今日，典型的纳粹国家德意志，典型的法西斯国家意大利，杂牌的极权国家日本，虽都已消减，但极权主义的根本潮流不仅没有减退并且有与日俱增之势，与民主主义对立的局面日趋尖锐化。今日以英美为主干的大西洋两岸的各民主国家，大致可说是代表唯名主义、个人主义或个体主义的。今日以苏联为中心的东欧各极权国家，是代表全体主义或唯实主义的，并且其主义并非折衷性，而是属于极端性的，人民完全成为国家的工具，毫无个人自由可言，个人人格的价值几乎全部被否定。这与民主国家的把个人捧得太高，一过一不及，两者都不是国家社会长治久安的基础。世界若求安定，无论是国内或国际的外界的安定，或一般人心的内界的安定，都必须先求这个根本问题的解决。过于轻视个人的极权主义与过于重视个人的民主主义一日不彻底变质，举世人心的惶惶无主的情境就一日没有解除的希望。

[原载《中央日报》(昆明版)民国三十年三月十日第四版"人文科学"第十期，又载《周论》一卷十五期，1948 年 4 月 23 日，略有修改]

永恒的青年问题

青年问题，在今日是有世界性的。今日的人类，生逢大乱之世，一个人除非是得天独厚，修养独到，无论是年方二十或已逾半百，多多少少都难免有无所适从之苦。青年因为比较敏感，其痛苦或者更为明显，但中年人与老年人何尝没有苦闷？中国特别穷，特别弱，特别乱，所以人心的苦闷也特别普遍，但这绝非别国都是安乐乡之谓；世界各国，包括极少数生活大致安定的国家在内，无不深为苦魔所忧。这个问题太大，大至不可向迩，令人无从谈起。我们试把范围缩小，忘记今日的世界，也忘记今日的中国，只抽象的推研苦闷问题，尤其是青年苦闷问题，追求其中永恒道理的所在，或可使我们对于整个问题能够获得一个比较透彻的认识。

人性的一个根本的道理，而容易为人所忽略的，就是十五岁以下的童年与三十岁以上的成年，都是完整无缺的，最少是可以完整无缺的平和境界。十五岁以前，许多麻烦问题还没有发生；三十岁以后，多数麻烦问题都已经解决。只有当中这一段，急迫的问题纷至沓来，本来宁静的心灵四面八方地遭受冲击，其满心的苦闷之情，为儿童所不能想象，为成年所容易忘记，永恒的青年问题就由此发生。孔子所谓"吾十有五而志于学，三十而立"，是参透人性的至理名言，深值细细地慢慢地咀嚼。幼小时期，受家庭的保护，受父母教师的指导，物质的环境与意识的境界都有人为儿童安排停当，儿童也多能居之不疑，世界是有规律的，是没有根本问题的。但到十五岁左右，童期将尽，初次发现复杂的世界，过去以为没有问题的地方现在处处是问题，求知欲至此特别浓厚，这是真正开始"志于学"的时期。宇宙人生，国家社会，个人在宇宙在群体中所占的地位，种种类此的大事，至此都成了终日在心中盘旋的问题。为解答这些问题，青年需要信仰，需要归宿，需要心灵有所寄托。随着时代机会，与个人秉性的不同，青年或者发现宗教，或者归依主义，或者专心于服务，或者沉湎于爱情，或者读书以至于成癖，或者穷思以至于发狂。表现的方式尽管不同，其求归宿的心理则完全一致。此时如有良师益友的鼓励，或有开明父母的指导，再逢比较正常的生活环境，那是莫大的幸运，苦闷的心情可以减轻，走入歧途的危险可以免除。如不幸而没有父母师友的合理协助，再加生活环境的严重压迫，青年而欲养成完整无缺的心灵境界，其困难实不可估计。两代之间容易发生误会，就是因为这个道理。"三十而立"，成年人已经"立"稳，一切问题已经解决，未能真正解决的问题，因为时过境迁，也往往可以不了了之的置于脑后。如此立稳的成年，除非是想象力特别发达，对于终日东倒西歪的青年很难发生同情。至于想叫狂放的青年同情于平和的成年，那当然是妄想，青年既是青年，就根本无此能力。这种世代的对立，古往今来不知会造出多少家庭骨肉之间的悲剧。即或是最稳定的太平盛世，此种悲剧也不能完全避免；若遇到大乱之世，除了扩大多倍的根本困难问题不计外，各型各类的巧言令色人物必然乘机兴起为苦闷彷徨的青年制造许多不必需的苦闷彷徨，使世代轻微对立的正常现象变成世代严重敌对的反常现象。这正是今日世界所处的状态，我们中国不过是在此种状态的世界中占据一个最惹人注意的地位而已。

　　本刊月前出"青年苦闷问题"专号之后，陆续收到几篇文稿，或直接分析专号中的资料，或以专号为起发点而另外立论，都证明一般社会对于青年问题的注意与关心。我们把这几篇文字汇合发表，作为"青年专号"的检讨，并申论青年问题的永恒性如右，希望作父母的，作师长的，以及各部门的主管人士，都能提高警觉，设法缓和这个责无旁贷的严重问题。

（原载《周论》一卷二十二期，1948 年 6 月 11 日）

出路问题
——过去与现在

在纯农业社会的传统中国，所谓太平盛世，都是人口比较少，生活比较容易维持的时代。并且在这种所谓太平盛世，不仅整个的人口少，人口中的人才也少。按中国的惯习，人才唯一的出路就是做官。在人才少的治世，每个人都可得到安插；少数不能安插的人在家做乡绅，在生活普遍安定之下，也可不致感到太无聊赖，况且随时尚有一官半职的希望。但太平日久之后，随着人口的增加，读书人也增加，有出身的人也增加。想做官的人也增加，求官而不得的人也当然增加。至此人口的密度也总是已经高到一般人求温饱而不可得的时候，所以人口压力最大时也就是读书人中失意分子日愈加多的时候。秀才造反，诚然是三年不成，但秀才若与别人联合起来造反，其力之大却不可轻视。历代的乱事，发起的虽非读书人，但事后谋划而使乱事扩大的都是读书人。民国初期的军阀内战，每次都有读书人从中挑拨，这是人所尽知的一个近例，其他较远或更近的例可以毋需列举。人才没有出路，在过去必定造成大乱。历史中若有教训可循，这是再清楚不过的一个教训。

今日的中国如何？人才是否过剩？由近代国家的标准讲，我们的人才显而易见的仍然贫乏的可怜。但所可惜的就是我们至今仍未成为一个近代化的国家，由中国现有的条件讲，我们社会中求官或求其他职位而不得的人，实在是太多了。在一个近代化的国家，做官，做公务人员，只是读书人许多出路中的一种，做官以外的出路还多得很。但在中国，做公务人员仍是一般读书人最宽最大的一条途径。若有其他的途径，都是又狭又小，能容的人极为有限。就根本上讲，政治社会的近代化是唯一的解决办法。至于目前的救急办法，讲起来似乎很不中听，其实这是无从逃避的结论：就是各公务机关对于各项人才应当尽量的予以吸收。讲裁员，讲减政，这是任何人都可讲出一大套无懈可击的道理来的。但这些大道理无补于实际，只有增加社会的不安。半年前政府曾有裁员之议，当时本刊即曾指明其必不可作（见第三期社论），幸而试行后逢到困难，政府未曾严格的执行裁员的计划。各级政府一方面维持一个相当庞大的教育体系，每年送出大批的毕业生，另一方面对于这些毕业生又不设法积极的予以安插，这岂不是最不可解的一种矛盾现象？与其如此，何不少办学校，少收学生？人才既已造成，就不能再听其自生自灭；听其自然，必定招致大祸。每年暑期，必有大批的青年出离校门，奔走前程。盼望政府各机关，社会各部门，都能给予他们最大限度的同情的考虑。这是助人，也正是自助；这是为个人，也正是为国家。

（原载《周论》一卷二十四期，1948 年 6 月 25 日）

三个人的死

　　八九月之际，世界上一连串死了三位引人注意的人物。先是莫斯科传出，苏联第一等要人，史达林手下第一等红人之一的日丹诺夫突于八月三十一日病逝。继于九月三日，退位不满三月的捷克前总统贝奈斯氏，于短期的病后，逝世于捷克郊外的别墅。最后，迟至九月五日，方由莫斯科方面传出冯玉祥已在黑海中一只苏联轮上焚毙的消息，而焚毙的日期又有八月三十一日与九月一日两说。本已奇突的消息使人更自然的发生奇异之感。

　　日丹诺夫因为死时仍在盛年（五十一岁），死前又无生病的消息，并且他所主持的国际情报局又因南斯拉夫事件弄得焦头烂额，所以死讯传出后，在国际间会引起不少的怀疑与揣测。但揣测终是揣测，我们不愿对此再推波助澜。我们只要说，即或是一个纯因自然病症而终的日丹诺夫，在年事正强，并且有作史达林继承人的资格下而竟与世长别，他虽死也是不能瞑目的。

　　贝奈斯的抱恨而终，是任何尚有些微人类同情心的人所很易想象的。他本是下了最大的决心，在使自己的国家保持实质的独立的唯一条件下，向苏联向捷共可以作任何的让步，连东方一部的土地都可拱手送人而仍然赔上一个笑脸。但一切都是徒然，他被迫必须献出整个的国家，并且他的挚友与同道的马萨里克也在不明不白的情况下遭到横死。事已至此，为公为私，贝氏继续活下去都已没有意义，继续作总统将等于尸位素餐，甘作傀儡，所以他只有出于辞职一途。并且他不仅是向国人辞职，他也是向生命辞职。因伤心而致死的道理，或者是有些丧失人性的人所不能了解的。但一个理想高，神经敏，责任心重，人格深厚的人，如果他的根本信仰与半生事业都为不可抵御的暴力所粉碎，他的精神生命也会随着粉碎，他的肉体生命也会紧随于后，因小病而死，或根本无病而终的。我们相信，贝奈斯就是这样的一个人。

关于冯玉祥，我们只愿站在一个中国人的立场说几句话，因为从政治方面言，他的时代早已过去，今日由政治的立场对于他的死再下判语，未免无聊。但他既是一个中国人，而在外人的治下奇突的死去，凡属中国人，似乎都有权利问几句话。第一，冯氏以何种身份，手持何种护照，搭乘苏轮离开美国？中国驻美大使馆，美国国务院，与苏联驻美大使馆，对于这个问题似乎都有回答的义务。第二，轮上起火的原因与经过究竟如何？一只海轮上耳目众多，按理对此应当不难解答，为何事过将近半月仍然杳无消息？第三，焚死的究竟有多少人，又为何人？三位冯女士中，究是哪一位与父同死，为何连在美国读书的冯公子亦不得知，还须可怜的请通讯社替他打听消息？与冯氏同死的一些所谓"不知名"的人，究为何人？他们既然侥幸与"知名"的冯氏同死，似乎他们的姓名与身份也不妨公布一下。第四，一个焚死的人而仍为他举行火葬，使人情不自已的发生多余之感。在火葬之前，对于焚毙的尸体是否有过详细的检查与报告，作为将来总报告的根据？第五，在整个事件中始终未提一字的冯夫人，九月九日忽然由莫斯科传出卧病莫斯科国家饭店的消息，这又不免令人发生奇突之感。冯夫人究竟是因焚伤而致病，因沉痛悲哀而致病，或到了莫斯科后才染上了严重的传染病？为何忽然一病，竟病到不准见客的程度？第六，两位幸免于难的冯女士，现在何处，情况如何，为何没有一点消息。

以上这个问题，我们也明知不见得有人肯于解答，但心中积郁，不能不照直说出，并提请每个国人站在中国人的立场加以注意。并且生死之际，是人生的大事，这是今日许多人容易忽略的，藉此也提醒人们稍一关心！

（原载《周论》二卷十期，1948 年 9 月 17 日）

人生的境界（一）

——释大我

　　大我小我本是佛家语，今日用为普通的哲学名词，把个人看为宇宙的缩影，个人就是小我，把宇宙看为个人扩形，宇宙就是大我。我们现在谈大我，就是由人类的立场来看宇宙。这本是古今哲学家谈了几千年的问题，本文不敢自谓能有新见，不过是根据我们今日所有的知识作一个常识的探讨而已。

　　宇宙一词在今日普通是指物质世界的总体而言，但原来此词含义较广："上下四方为宇，古往今来为宙。"宇宙为空间与时间无限连续之意，有机动性，与最近西方的"时空"观念相同。宇，空间，整个的太空，是天文学的领域。宙，时间，有机的发展，是历史学的领域。这两者当然是分不开的，是同一现象的两方面，但为人心思维的便利，两者可分别观察。在空间，在物质方面，是因果的世界，大至天象，小至落叶，无不有前因，无不有后果，无不与整个连续不断的太空息息相关，没有任何的一事一物能够真正消灭，大小的一切都在六合之中永留痕迹。太空是没有意识，没有明显目的，而永远堆积不已的一本大账簿，没有一分一毫的遗漏。在时间，在心灵方面，是意志的世界，高至人类，低至变形虫，无不有与生俱来的欲望，无不有追求不已的目的，鞠躬尽瘁，死而后已，至死而仍有信仰与希望。空间是一笔大账，一个无穷的记忆；时间是一出戏剧，一个无穷的希望。太空与心灵，尤其是人心，是古今哲人所永不能解的两个大谜。康德有一句名言："有两种现象，使人愈想愈发生敬生畏，就是头上的星天与心内的良知。"讲到最后，星天良知是人类一切思维的对象。

星天之大，大而无外，超乎人心所能想象的范围。人眼所见的星球，不过几千。但实际专就我们直接的星天而言，就是所谓天河、星河或银河，其中的星辰就有一千万万，整个银河之大，难以道里计。光的速度为每秒钟十万八千英里，须要十万年方能穿过银河。这就是天文学上所谓十万光年的距离。但银河只是"我们自家"的六合，此外天文学家已经清楚发现的尚有三万星河，天文学家知道存在的有十万星河，推定存在的有十万万星河。这十万万星河，平均各有星二百万万，合共有星为"二"后面加写十九个"零"的数目！这就是我们今日所知的世界，是最富于幻想的印度人的"大千世界"也望尘莫及的一种洋洋大观。然而这个推知的世界恐怕绝不代表全部太空。全部太空究竟有穷或无穷？若说无穷，这根本是人心所不能想象的玄奥。若说有穷，到底大过我们今日所知的多少倍？任何人都可随便猜想，没有人敢下断语。若有穷，既穷之后又为如何的境界？有穷似乎又变为无穷了！并且星球还非太空的唯一天体，星球之外尚有许多残碎的物体、沙砾与气体，好似是制造星球后所剩的残余废料。但废料却非常丰，专就我们的天河而言，其中的废料就足再制一千万万星球之需，可使我们星球的数目加倍！

太空的形象原为浓厚的热气，云雾弥天，实际为无量数的原子运动不已。弥天云雾膨胀分裂为云块。云块缩为圆球。因中心吸力的关系，圆球缩小，成为星宿。星宿经过相当的时期之后，冷酷死亡，孤悬太空。今日的六合空中，以上的各种程序都同时存在：气体，气体成星，星宿死亡。我们依这万万千千星宿中的一个为生，寿命约为一百二十万万年，至今它大概只出生了二十或三十万万年，前途尚有九十或一百万万年，人类短期间尚不致无依无靠！我们与一切的有生之物，直接寄托在太阳的一个行星之上。我们除了确知地球上有生物外，太空中任何其他的角落是否尚有生命，我们完全不知。据今日所知，只有附于一个恒星的行星之上，方能有生命。但太空的星辰，绝大多数是孤星，没有成为太阳系。依概然律推算，在这极少数的太阳系中，又是极少数演化出有生之物。在这极少数赋有生物的行星中，又只有极少数演出有似人类的高等灵物。在无限的太空之中，地球虽不见得是唯一的有生天体，但可能是唯一产生了像人类这种彻底摸索的动物的一个天体。反之，当然也可能在我们的银河中，或另外的银河中，尚有更高于人类的灵物存在，对于宇宙六合的了解力远在我们之上。

若由上面的观点设想，整个的人类虽有二十万万之数，但全人类与每个人在太空中是同样的孤单，同样的渺小，同样的进退失据。英国从前有一个故事，比人类于一个孤鸟，比世界为狂风暴雨的严冬，比人生为冬野中孤立的一间温室。鸟在冬夜飞行，忽然穿窗户开放的温室而过，刹那的光明温暖后，就又返回冷酷黑暗的世界。以宇宙为起发点，我们绝难断定人类由何而来，往何处去，有否使命，有否归宿。这是使许多神经灵敏的人感到无穷痛苦的一个大谜。地球与太阳大概同时产生，至今已有二十或三十万万年。过去的时间，大半无生命而言，最低的生物大概是三万万年前才有的。至于初有人类，为时更晚，不过是三十万至五十万年前的事。然而那种所谓人类，并不是我们今日人类的祖先，所谓爪哇猿人、北京猿人、海德堡猿人等等，以及许多可能今日尚未发现遗迹的古人类，都是今日早已消灭的许多各自不同的物种。至于今日人类的形成，只是两万年以前的事，可能尤晚。假如生命有目的，先前的各种人类似乎代表屡次失败的尝试。最后一次试验就是我们，此次是否成功，只有未来的人类或更高的动物能够判断。

以短促不过一两万年的人生，处在太空一粟的地球之上，而与寿命不可思议的全部六合相较，人类的渺小真是小无可小的。为达到伦理的目的，为培植谦德，这种看法也未可厚非。但反过来讲，这种看法也可说是极不正当的。有生以前的一切，所代表的只是简单的存在，机械因果，一笔无特殊意义可言的旧账。生命，尤其人类生命，尤其最近一两万年的人类生命，所代表的是复杂的意志，无穷的希望，无限的追求，整个是有意义的。时空无限的宇宙能有意义，那个意义是人类给它的，否则宇宙只是狂风暴雨的黑暗严冬而已，无再高的意义可言。人之所以为人，就是因为他知道自己为动物。其他的动物都无此种知觉，所以永为动物。人类是动物而又超动物，所以为人。由六合而观有生之物，任何有生物无不渺小。但其他动物都不自知渺小，所以真正渺小，只有人类感到自己渺小，所以伟大。也正因如此，所以人类在一切的有生之物中是唯一有精神上的痛苦与悲哀的。人类力量有限而知识甚高，欲望无穷。小不足道的地球诚然不能满足人类的欲望，但无边的太空又何尝能使人类满意？宇宙尽管大，但人类所希望的，所追求的，较宇宙尤大。他上知天文，下知地理，中知人事，希望由天文、地理与人事历史之中找到一个使他心满意足的答案。但两万年来答案虽然很多，却没有一个能使他满意。上下四方古往今来的一切，都在人的方寸之中，这一切赋有意义，也就是因为经过了方寸的融化，这就是理学家所谓"宇宙即是吾心，吾心即是宇宙"的道理。人类总想在方寸所造的宇宙中求解脱，求出路。人类对于比较不切实用的天文学与历史学发生浓厚的兴趣，最后的原因在此，这两者是对空间与时间要追问到尽头的学问。追问后所得的解脱与出路，各代不同，但至今尚无一个令人长久满意的解脱方法或最后出路。

人类的无穷追求，是否自欺，是否永无达到目标的希望，是否无最后的意义可言？今日的人类，用今日所赋有的理智，对于这个问题恐怕是永无得到可靠答案的可能的。我们如果设身处地，想象一个变形虫的世界；即或假定它有理智，它的世界的简单与渺小，也几乎是我们所难以想象的。再往高处讲，我们试想犬马的世界，它们的世界与人类的世界已有一部的交错点。我们所见的天象，它们或者有时也能看见一部，但印象必非常模糊。地面上的一切，人类所见的它们也都能见，但对它们大概只代表饮食，阻碍，与不相干的触眼物而已。连最初所有的几种原始人类，他们的世界恐怕也比犬马的世界扩大或复杂不了许多。至于今日人类的复杂世界，不只是变形虫与犬马所不能了解，连爪哇人与北京人也不能梦想。同时，我们也可想象较远人类世界为复杂的心境，不是今日人类所能理解的。生命既是宇宙而生，必与宇宙有密切的关系，虽然我们今日无从知道关系何在。看到这一层高于一层的心界，我们如果勉强下一个肯定的猜想，宇宙中大概有不知是一个如何的力量，要自知自觉，要观察自己，要了解自己。生命就是此种力量的表面化。经过种种的试验与逐步的前进，最少在太空的一个角落里有了我们这样的人类，代表一种相当高的自觉力与自知力，人类的一切快乐与痛苦也就由此而来。但人类是否代表自觉生命的最高表现？想到生命史的长久，想到我们降世的短促，使我们难有理由相信地球上将来不会再有高于人类的动物出现，或宇宙的其他角落里没有高于人类的灵物已经出现。这些将来可能会有或他处可能已有的有生之物，对于宇宙人生的了解力必在我们之上，他们的"大我"必更伟大，更清楚。我们不能想象他们方寸之中的世界，正如犬马不能想象我们方寸之中的世界一样。这当然是猜想，甚至是幻想。但人类在今日的一球之上是唯一赋有幻想能力的动物，我们为何不可尽量发展我们的幻想？

是幻想，也可说并非完全是幻想。所有的人大概都有一种经验，就是在大体平常的生活过程中，有时忽然有超过普通人生之感。因生命中过度可悲，过度可喜，或过度奇异的遭遇，使日常的人生丧失意义，而有种超脱一切又明了一切的感觉。伟大的诗品，不朽的艺术，超绝的音乐，都是此种心境下的产物。诗人与艺人是常在此种心境下生活的人，他们的作品能感动我们，也就是为此原因。一般人此种一纵即逝的心境，是生活中最浓厚的段落，只有在此种段落中我们才有超尘之感，好似与宇宙化而为一，明白了宇宙最后的真理。然而此种心境最浓厚最深刻的，是宗教家。所谓宗教家，不是烧香拜佛或作礼拜的宗教信徒，他们不过是利用与误解宗教家的发现而已。真正的宗教家是人类历史上少数的创教圣者，如耶稣、释迦、庄周之类。他们都是生于此世而又超过此世的非常人物。他们并非厌世，而是看此世为无关宏旨，宇宙间另有高尚道理的所在。南北朝隋唐的佛教盛期，中国有许多释子能有此感。禅定修行，不起知情意的作用，一时杂念完全消失，倏然之间一片光明，内不见身心，外不见世界，见山不是山，见水不是水，但见道心，不见外物，最后达到无碍自在，不生不灭的永恒境界，与宇宙化一，明了宇宙人生的一切。这个境界可以意会，不可言传，释家称它为顿悟，为成佛。战国时代的道家也有同样的说法，称为天乐。基督教称此为神化，为与神合一。凡是有此种经验的人，一切怀疑全部消逝，自信已知最后的真理。我们这些无此经验的庸人，若平心静气去观察，对这少数特殊人士的经验当如何看法？无聊的讥笑不必，全部的接受不能，最好是看它为宇宙之中自我表现力可能高于今日的预示。今日的人类绝不代表最高可能的知力与觉力。或进步不已的今日人类，或高于人类的新的灵物，对于宇宙必有大于我们的了解，终有一天有物能彻底明了宇宙，与宇宙化一，小我真正成了大我，大我就是小我。

（原载《周论》二卷十九期，1948 年 11 月 19 日）

历史警觉性的时限

多年来中国学界有意无意间受了实验主义的影响，把许多问题看得太机械，太简单。以史学为例：一般认繁琐的考证或事实的堆砌为历史的人，根本可以不论；即或是知道于事实之外须求道理的学者，也往往以为事实搜集得相当多之后，道理自然就能看出来，实际恐怕绝不如此。历史的了解虽凭借传统的事实记载，但了解程序的本身是一种人心内在的活动，一种时代的精神的表现，一种整个宇宙人生观应用于过去事实的思维反应。生于某一时代若对那一时代一切的知识、欲望、思想与信仰而全不了解，则绝无明了历史的能力。对自己时代的情形与精神愈能体验，对过去历史的了解力也愈发增高。由另一方面言，一个时代愈发展紧张生动，那时代少数警觉性深刻的人对过去的历史也愈发看得透彻。一个完全平淡静止的时代，对于任何过去的大事都绝无明了的能力。历史的了解是了解者整个人格与时代精神的一种表现，并非专由乱纸堆中所能找出的一种知识。

上面一段话或者不免过于抽象，意义不免过于晦涩，但我们举出具体的例证之后，问题大概就容易看清了。在任何民族的生命中，历史的了解力或警觉性都是为时甚暂的一种活动。中国秦汉以下的二千年间史料的丰富使人气闷，以史家自命的学者车载斗量，但始终没有一种历史的作品，原因也很简单。二千年来的中国社会，虽间或有小的波动，但一向绝无真正的变化革新。一人身处完全静止的环境中，整个的人格，整个的心灵，也都是静止的。此种人格所影射的一切也当然是静止的，对过去真正停滞的时代当然看为停滞，即或对于活泼生动的时代也难以看出道理。因为人格中所完全缺乏的，绝难在外物中找到：正如宇宙中有许多颜色与音响为人类的耳目所不能见闻的一样，因为这些声色超过我们感官构造的范围。一个患贫血症的人格，对于机械的史料或者还能做点排列的功夫，遇到富有意义的史料反要手足无措，二千年来对于战国以前的历史毫无办法，就是因为这个缘故。后世对于所谓三代文化的憧憬与崇拜，证明一些空虚无物的人格仍能感到战国以前的伟大：但伟大处到底何在？却是二千年来无人能够了解的一件事。大致讲来秦汉以下改朝换代的平淡故事，同化了全部的中国历史，所以三代也不过是三个朝代而已。这是如何可怜的一种看法！

一个民族历史警觉性的最发达的时间，不过二百年。前此是信仰混沌的阶段，虽有历史命运的向往，但无清楚的观念，根本谈不到对历史的了解。此后则一切都糊涂渺茫，思想与想象都微弱到苟延残喘的地步，正如我秦汉以来二千年间的情形。两者之间有二百年的非常时代，是文化的最高峰，民族的事业达到顶点：向后回顾，来龙清楚；向前瞻视，去脉分明。这是人类心胸最开朗的时代。但绝峰之上，难以久留，明古知来的幸运阶段转瞬即逝。前此的心地光明一变而为一塌糊涂。这个短暂的幸运阶段在中国就是战国时代，在欧西就是今天。

中国的战国时代，前后二百五十年。欧西自进到战国后，也已有一百五十年的历史。但历史的了解力或警觉性并非与时代始终的。时代的初期警觉性仍甚微弱，到末期就又趋于模糊。真正发达的时期，还不足二百年。中国此期所遗于后世的唯一作品就是《左传》。《左传》是战国前半期的作品，在当时可说是一部通史。殷商西周的事迹，当时已不十分知清。著者为慎重起见，由平王东迁后开始，叙述到著者生前的九十年间为止。全书的线头虽然非常复杂，条理却十分清楚，使读者能够身临其境，对春秋时代整个的国际局面以及少数大国的内部状态都能一目了然。当然只有大手笔才能有如此成就，但是大手笔必须生于大时代才能具有如此魄力。春秋时代虽然在前，但我们今日对它的认识远胜过战国，就是因为关于战国时代没有这样一部伟大的作品。试想，若无《左传》一书，我们今日对于春秋时代岂不也要如对西周一样的恍恍惚惚？

欧西对西史的了解，由法国革命开始。法国革命前尚无名实相符的史学。今日唯一认为有史学价值的革命前的作品——吉朋的《罗马帝国衰亡史》——其价值在文字而不在史解。革命方兴，了解力仍甚薄弱。到一八五〇年左右，历史的警觉性才成了知识阶级全部人格的一个不可缺的部分，少数哲学头脑特别发达的人才对古往今来的一切有比较彻底的认识。由一九〇〇年到今天，欧西人的历史意识可说已发达到最高峰。而今而后，只有倒退，难有再进一步的发展。法西斯主义兴起之后，思想渐受统制。这种趋势，只有日愈强烈，减轻的期望很小，消灭的可能绝无。此种非理性，反理性的新神秘主义，最多不过五十年后一定要成了笼罩整个欧西文化的弥天黑云。独立的思想渐被扑灭，历史的了解也必同时消亡。史学的消灭与哲学结束是同一件事的两方面。五十年后，欧西思想界一定要有类似杂家者出现，杂家是哲学发展的丧钟。同时史学界也必要开始呈现司马迁《史记》的没落形态。太史公是中国古代伟大史学消亡的象征。二千年来学术界对于司马迁的崇拜，正是二千年间中国没有史学的铁证。《史记》一书，根本谈不到哲学的眼光，更无所谓深刻的了解，只是一堆未消化的史料比较整齐的排列而已。后此的所谓史著，都逃不出此种格式，甚至连史公比较清楚的条理也学不来。文化精神衰退得一泻千里真可惊人！

战国时代为何能明白过去历史，因为战国时代的文化最为复杂，最为紧张；任何时代的任何事迹在战国时代的心目中，都不至显得生硬。反之，比较简单松懈的时代，对于战国时代根本无从了解，因为战国的许多潮流与线索是其他时代的人所不能想象的。只有复杂紧张的战国才能产生少数特别复杂紧张的人格，只有这种人格才能对古往今来的一切设身处地的去体会。此种能力，在春秋以上，在法国革命以前，绝无出现的可能。中国到吕不韦时代，欧西到二千年左右，这也就成为无人能够想象的一种异能。

我们混沌的过了二千年的静止生活。今日幸逢欧西的盛大时会，受了外力的渲染，又第二次的得有明了历史的良机。深望国人善于利用机会，把埋没二千年的历史彻底寻出一个条理，不要终年累月的在训诂考据中去兜圈子。中国只要不亡，此后千万年都是我们可以尽情沉湎为训诂考据的时间。真正明了历史的机会，却是一纵即逝，最多不过还有五十年的工夫。中国的乱纸堆，二千年来堆得太高，若必要把许多毫无价值的问题都考证清楚，然后再从事于综合了解的工作，恐怕是到人类消灭时也不能完成的一种企图！

尤有进者，欧西人无限的欲望与追求，使他们发现了许多古民族历史。埃及、巴比伦、印度以及希腊罗马的发展经过，今日欧西人所知道的，在许多方面比较古民族自己当初所知道的尤为清楚。这种扩大心胸的机会是如何的难得！有心的人，为何不抖去由堆满败简残篇的斗室中所沾的灰尘，来到海阔天空的世界大吸一口新鲜的空气！

（原载《战国策》半月刊 1940 年 9 月第十一期）

近代化中的脑与心

近百年来我们谈维新，谈变法，谈西化，谈新文化，谈科学救国等等，有意无意间可说都是一种使中国成为一个近代的国家的企图，对于近代化的方案，容或还有许多不同的看法，但对近代化的目标，今日已无人否认。然而我们一向对于近代化中人的因素，似乎只是偏重脑，而忽略心；偏重近代文化的认识，忽略近代人格的造就。传统的心理学，认为人格有三方面：思想、感情、意志。由常识的立场来看，还仍不失为一种便利的人格分析法。思想虽然重要，但一个人格的特殊点，往往在乎情感与意志。受了外物的刺激，情感被冲动，因而发动意志，表现为行为。在这全部的过程中，思想不过是情感与意志的工具而已。我们判断一个人，说他好或坏，善或恶，和气或粗暴，慷慨或吝啬等等，这都是关于情感与意志的评判，与思想并不相涉。我们即或说一个人头脑不清，实际也不专指他的思想混乱而言，乃是说他对于情感的冲动与意志的运用不能善自驾驭，因而行为失常。并且按最时髦的心理学的说法，认为我们的思想大半只是情感与意志的辩护者，我们做一件事，往往只是高兴如此，并没有充足的理由，所举的一切理由都是意志决定之后，甚至事成之后，自圆其说的辩解而已。可见无论按传统的说法，或按最新的学说，人格的要点都不在思想，而在情感与意志。要中国近代化必须中国人近代化，空由西洋各国搬运许多制度名物的架格，绝不足以谈近代化。例如近些年来，谈民主或立宪的人很多，许多专家能把欧美各国一切的民主理论，宪法发展，政党组织，立法程序，说得清清楚楚，如数家珍。但他们一旦从政，把这一切很快的就忘得干干净净，举止行动无意间又返回到中国传统政治的旧轨。他们即或不从政，在一般日常的生活与行为上，往往也不能发挥民主的或守法的精神，旧日士大夫的许多恶习大半仍不能去掉。此种矛盾的现象，原因何在？就是因为连多数所谓专家也只是脑中充满了一堆专门术语与抽象知识，他们的心，他们人格的最深处，情感与意志，并没有近代化。又如生活须有规律，精神应该振作，这是每个近代国民都当具备的习惯。这个道理大家都能明白，国中人少数得有机会到欧美去留学或服务的人，也都亲眼见过一个比较规律振作的社会，他们自己或者也会无形间度过几年规律振作的生活。但回国之后，这一切也渐都忘记，饮食起居并无定节，在职服务并不振作。职务机关的刻板工作应付过了之后，剩余的时间大多不能用于自修与晋修，上焉者平白虚度，下焉者则在戏院赌桌消耗了大好的光阴，把大有可为的才学弃置荒废，丝毫不知顾惜。虽了不是所有的人，一闲起来，就手足无措，但如此类型的人物绝非例外。原因也很简单：他们对于规律振作只有抽象的认识，但规律振作的精神一向并未渗入他们的人格深处。

又如自重与互信，是近代复杂社会的必需条件。人人自重，分内的事无需别人督催而自动去做，非分的事不去偷机妄作。同时大家都能互相信赖，相信别人都能自重，自己也当然自重。许多国人所崇拜的民主国家，此种精神特别发达，民主精神所以能浸入这些国家的政治社会的，也就是因为多数的国民都能自重互信。否则人人都投机取巧，相互猜忌，各人大半的精力都费在互相的防备与明争暗斗上，各种的努力都相互抵消，更有何近代化或民主可言？这个道理，我们何尝不明白？但明白自明白，却不能见诸实行。学校的团体较小，各分子的程度较齐，应当是发挥自重互信精神的最好环境。撇开一言难尽的中小学不论，专讲最高学府的大学，在有的学府中，考场往往是一个令人痛心的场所。一二十人的小班大致还无问题，百人左右或再大的班上，夹带与各种作弊的现象是时常发生的。一部分人既不能自重，互信的风气何从产生？比较单纯的学校中尚且如此，我们何能希望复杂的社会中能养起自重互信的精神？在真正近代化的国家中，考试作弊虽非绝无，但的确是例外的现象。考试时教师不监堂，是很平常的事；因为学生自重，师生间能够互信，同学间也能互信。美国某校有一名教授，双目失明，但他的班上多年之间向无考试作弊的事发生。这不只是自重的问题，并且也牵涉到侠义的问题，教授失明，是弱者，若在他的班上作弊，就是欺侮弱者，是不侠义的行为，是不自重的极端例证。所以连在其他健目教授的班上或可作弊的人，到这位盲师的班上也绝不肯作弊。一般学生的此种态度，与思想毫无关系，完全是情感与意志的根本问题。

类此的例，可以继续列举，多至无限。但举一反三，大家都可体会。从政的人，各种的专业人员，大学学生，都是政治社会的领导者或候补领导者，对于近代化的理论都有相当清楚的认识，但表现在具体的行为上的，仍多是传统的一切。这并不一定是可令人悲观的现象。文化的惰性，传统的磨砺，并非一朝一夕所能打破的。所谓近代精神的种种，中国在春秋战国列国并立互争的时代，大半都有。荀子在疆国篇讲到秦国的情形说："入其境，观其风俗，其百姓朴，其声乐不流污，其服不挑，甚畏有司而顺，古之民也。及都邑官府，其百吏肃然，莫不恭俭敦敬，忠信而不楛，古之吏也。入其国，观其士大夫，出于其门，入于公门，出于公门，入其家门，无有私事也；不比周，不朋党，偶然莫不明通而公也，古之士大夫也。观其朝廷，其闲听决百事不留，恬然如无治者，古之朝也。"我们若把上面这一串"古"字改读为"近代化"，仍照样的通顺！并且此种"近代化"的情形，不会是秦国所独有；列国莫不如此，最多也不过有一些程度上的分别。秦汉大一统以下，中国的社会日趋沉寂，政治日趋消极，战国以上"近代化"的精神已没有维持的绝对必要。二千年来，近代化的各种道理，如诚意正心修身齐家治国平天下，如仁义礼智信，如礼义廉耻，虽仍谈得很热闹，但大半都成了文章资料与口头禅，实际一离开家族的范围，就几乎完全是尔诈我虞敷衍了事的世界。我们在此种僵化的世界过了二千年的生活，今日忽然又被卷入与春秋战国相似的一个新的近代化世界，一统独尊之下的传统办法当然全不适用。但根深蒂固的陈旧风习，一时又不能全部改变，各种使人不满意的现象自然发生。此种缺憾的补救，并无捷径可循。思想与知识，可靠教育来充实。情感与意志，虽也可受教育的影响，但教育的影响究属有限，最少也是很慢的。抽象的知识，可以灌输；人格的转变，须靠潜移默化。灌输可以速成；移化不能性急。大家若能自觉，认识自己情感上与意志上的弱点，这种移化的过程或者可以稍微缩短，十足近代化的中国就可比较早日的实现。

（原载《北平时报》1947 年 7 月 13 日）

史实,现实与意义

　　历史学特别注重事实,某年某地会发生一个重要战役,二百年前的某政治家曾在某种情形下作了某一种决议,这都是历史的事实。再如群众暴动,宗教家的牺牲与宣传,哲学家的辩理,文学家的创造,科学家的发现与发明,也是史实。我们在史书中读到这种所谓史实、普通就自信已经"知道"这些事实,"知道"历史。但一般人所谓"知道"究竟能否称为"真知"? 例如《史记·秦本纪》中记载秦穆公薨,"从死者一百七十七人",这件事实看似很简单,然而我们心中如果只有一百七十七个人为秦穆公殉葬的一个数目的观念与凄惨的情景,那不能说是真正"知道"这件事;当时的人对此事的看法绝不如此简单。我们必须深切了解古代对于死后的全部信仰,此种信仰如何必然的产生了殉葬的惨酷办法,再由《诗经·秦风·黄鸟篇》中想象殉葬时的图影,并把这一幅图影在想象中放在当时整个的宗教环境之中,然后这段史实才算在我们心中发生"意义",不仅是表面的"知道"而已;不再是抽象的印象,而成了具体的活的景象。

　　不只过去的史实如此,目前的现实也同一理。我们每日在报纸上所见到的消息,即或是从头至尾逐字阅读,也未见得我们就真正了解前一天世界各地所发生的一切大事。例如据十月中旬伦敦消息,恐怖分子曾企图谋杀英国外相贝文,一般情绪颇为震动,警探出发,严加戒备。消息简单,没有任何说明,我们的第一个印象,恐怕很容易认为这是英国政治上的一个不合理的波动。笔者不敢说这个看法一定不正确,但英国虽已大不如昔,然而英国的政治尚未发展到以暗杀为手段的程度。所以我们可以假定,想要暗杀贝文的不是反对他的政策的英国人。既不是英国人，唯一可能采此下策对付贝文的恐怕是犹太人。这个推论如果正确，只有犹太人要暗杀贝文的一个模糊印象，仍不能说是明了这段消息。我们必须认识巴力斯坦为三大宗教的公同圣地的根本事实，认识中东地带在近代史上的军略地位，认识第一次大战时期英国由于种种原因所发动的犹太移民政策，认识大英帝国今日非收缩不可的重大苦衷——把这种种认识综合为一之后并将那个综合认识放在今日世界大局的适当位置中，然后我们才能说是明白了这段简单消息的真正意义——无论谈往事，或讲近事，必须那件"事"经过我们的"心"的观察与消化，外物与内心发生一种活的联系，甚至可说外物须变成内心的一部，与我们人格发生不可分的关系，然后外物在我们心中才有意义，无意义的机械"知道"不能称为真知。由此点言，一切的历史知识与现实认识都是主观的。事实的判断与辨别可以客观，事实的了解与认识必须主观，并且非主观不能算为彻底明了。既然如此，只有抽象的知识是不够的，一个人必须情感发达，想象活跃，经验丰富，方能明了过去与现在。论情感，一个人如果生性冷酷淡薄，除了维持生活最低限度的努力外，全无野心，他可以读破万卷书，仍然不能了解拿破仑的横行，或希特勒的莽干，也不能认识一些南北极探险家的事业。他对这些可以肤浅的"知道"，但这些在他心中不能发生意义，他根本不能感觉这些究竟是如何的一回事。严格地说，只有我们自己曾经有过的经验，我们才能了解。一个没有经验与拿破仑相同的事业的人，不能了解拿破仑。但如果如此，世间将不能有一个历史家或政论家。由这个严格的观点着想，必须一个亲自经验过人类一切可能的经验的人，方能明了历史或论断世事。但这显然是不可能的，一个人无论能力如何高，机会如何好，也不能把人间一切可能的经验都一一尝试。补救这种不得已的缺憾的，是想象力。我们不是拿破仑，也没有作过近似拿破仑的事，但多数人都有自己的野心、志向与奋斗精神；举一反三，对于拿翁的心情我们应当可以想象得到。我们不出家，也不想出家，但每个人在一生之中总有一次或几次或长或短的时期对人生感觉厌烦，恨不得摆脱一切，一了百了。我们若凭想象力使这种心境重现于自己的心目中，对于释迦牟尼的人格与行为就不难发生同情的了解。许多人没有上阵打仗的经验，但任何人一生之中，尤其幼年，都有过打架的机会，最少见过别人打架，也见过团体竞赛与儿童或真或假的群斗；若运用想象力，我们不难由此而意会过去历史上的战事情景。

但一个人的经验终究有限，不只许多具体的经验我们没有，连类似的经验我们也往往没有。例如一般的中国人大概很难想象一个海战的情景，因为大多数的中国人根本就一生没有见到海洋或搭乘海船的机会，安能想象海战？读书的最大用处也就在此。一个人可以未曾见海，但如果有想象力，可从他人描写海洋与海战的书中使自己的心里浮出一幅海洋图与海战景。一个人亲自经验一切事，是不可能的；但一个人广事涉猎，由他人的经验之谈中想象人生的一切经验，是不太难的。读书当然是作任何学问的必需途径，但要明了历史或观察世局的人尤非多多读书不可，不只数量多，种类也要多。必须无书不读，方能无事不解。否则对于往事与现实的知识容易成为心中的模糊印象，不能成为与自己人格化一的亲切意义。自己人格中完全无有的事，外界发生此类事实，我们也不能了解。历史与时事的彻底认识，可说是一个人自己人格的一种内发的发展。人格的贫富不一，相差可以很大。所以有的人可以明了自己民族全部的历史，并进而与整个人类的发展精神连贯，在想象与意识中化自己为这一切的一部，也可说化这一切成为自己人格的一部。这是最高的历史警觉。然而这始终是理想，没有人能够完全达到，但在知识流通的今日，我们可以把它变为一个追求的目标。反之，有人正如陶渊明由另外的立场所推崇的桃花源人士，不知古，不知今，不知眼前之外尚有世界，他们的宇宙限于现今与此地的一点，对于古往今来的一切全无意识。此种人遍世皆是，未受教育的人当然属于此类，已受教育而过度专一的人，专到本门之外一无所知也一无兴趣的程度的人，也与此相差不多。往古来今的一切，只是每个人的心里乾坤，每人的心中各有乾坤，乾坤的大小就要看心胸的广狭了。

（原载《北平时报》1947 年 10 月 19 日）

五四献言

  民国八年五月四日，北京大学及其他首都各校的学生三千余人所举行的游行示威，就动机与结果言，有双重的意义：一为爱国运动，一为新文化运动。时间虽已过了二十九年，我们今日纪念五四，不仅是例行故事的纪念，就那双重的关系讲，五四仍有活的意义，仍大有纪念的价值。

  爱国运动的五四，是由外交的刺激所引起。在第一次大战期间，日本乘着国际的空隙，向中国提出二十一条，并强迫自顾不暇的协约国承认它得以继承德国在山东的一切权利。在战事结束后的巴黎和会中，中国虽以战胜国之一的资格出席，但发现强国之间的秘密协定是支配国际的最大力量，战胜战败的关系反居次要，我们的代表虽然力争，仍不能改变山东问题的强权政治条款。当时普遍全国的忧郁愤慨之情，我们这有过类似经验的第二次大战后的一代国人，应当不难想象与了解。但空的忧愤无济于事，代表全国把忧愤之情发泄为有效的行动的，是当时政治中心兼文化中心所在地的青年学子。他们本于爱国的纯诚，无需任何人鼓励或领导，完全自动的聚有三千人之众，到总统府请愿，并到英美法意各公使馆，表示国民的真正意见。首都的学生登高一呼，全国各界群起响应，上海学界首先继北京后而罢课，全埠的商界并联合罢市，无组织与无从用行动表示态度的一般人民，也无不对学生完全同情。宣传的技术，当时尚未发达；谣言的制造，也尚未成为群众运动的工具。学生所得的普遍同情，是完全自发的。也正因如此，所以效力特别大，到六月十一日，政府只得顺从舆情，罢免亲日的曹章陆三人，巴黎和会的中国代表，在国民的督促与援助之下，也得以拒绝在和约上签字。这是国民外交成功的显著例证；无论今日或千秋之下，只要是一个中国人，必都承认这是学生运动的一大功绩。

专就爱国的意义言，五四运动已是不朽。但以五四为机缘，引起对于旧思想旧传统的重新估价，对于新思想新潮流的热烈介绍，这就是所谓新文化运动。少数人虽然在言语上或行动上不免走极端，但运动的主流是正当的与健全的，在蔡孑民，胡适之，及其他各位大师的领导之下，智识青年用最开明的态度研究一切，批评一切，考量一切，希望对一切都能得到合理的与应合时代的新标准与新结论。当时对于一切学术文化问题都运用科学精神，也就是不顾一切的求真精神。在全部中国历史上，能以大无畏的精神求真的，除了先秦诸子外，恐怕只有五四时期的少数有名学人与一群无名学子，及今思之，仍令人不胜其向往之情。来中国讲学的英国哲学家罗素，在以友人的态度对中国作种种的逆耳批评之后，曾毫无保留的承认，当时中国学术界的自由探讨精神，虽在以自由自豪的欧美各国也不多见。这在当时的确并非过誉，摈弃一切成见而唯真理是求的态度，的确普遍于整个的学术界。中国之能有今日，一部要靠新文化运动。对于今日的文化现状，我们无人满意，但我们开始追随世界潮流，还是来自五四以后一批学人的勇于介绍与勤于研讨。我们今日仍然落伍，但已知道落伍之处何在；在五四之前我们只是感觉自己落伍，而不知究竟如何的落伍。这种民族的与文化的自知之明，是五四运动的另一大的功绩。

今日追忆既往，纪念五四，同时也当展望未来，发扬光大五四的精神与五四的事业。爱国运动是弱国的现象，强国无需公开的表示爱国，爱国就包含在国民的日常工作中。二十九年后的中国，仍是弱国；第二次大战后的中国，在许多方面也颇似第一次大战后的中国，仍在秘密协定，阴谋破坏，与花样不断翻新的强权政治之下委曲求全。时代不同，爱国表现的方式或也无需尽同，但凡属国民，今日必有民国八年五月四日青年学子的心情，方能无愧于衷。讲到文化运动，五四时期的热烈情绪当然没有永久保持的可能，但我们都当承认，文化运动尚未结束，文化运动的使命尚未完成，我们今日仍需珍视自由探讨的精神，虚心学习。五四之后，是我们彻底近代化运动的开端，今日全国公认的建国需要，就是学理的新文化运动的具体化的表现。文化的巨流，曲折甚多，外相时变，但内里的线索是恒久的。我们纪念五四，须认清它的恒久部分，各尽所能，完成五四一代留给我们的重大使命。

（原载《周论》一卷十七期，1948 年 5 月 7 日）

时代的悲哀

今日的世界正处在一个大的动乱时代，到处都是问题，每一个问题又好似都没有妥善的解决方案，以致人心普遍的不安，被一种莫可名状的忧虑心理所笼罩，一若非常的大祸随时就要临头的模样。但我们若随便找一个警觉性锐敏的人去问，今日世界的问题究竟何在，他恐怕又将无辞以对。若问一百个人非要答案不可，很可能要得一百种不同的说法。若说今日的问题，是社会不公道；诚然无人否认。但过去较今日尤不公道的时代尚多，当时似乎并无今日的普遍的失望，若说是经济的不景气，生活有困难；这也是人有同感的。但就经济上讲，过去的时代很少能与今日比拟，今日经济问题的严重性并不超过历史上多数的时代，恐怕多数人的生活还远优于前代；但过去的人并无今日的不满与悲观。若说是政治不合理，那也是任何人都可接受的说法；但政治的完全合理，一向只在理想世界存在，并不属于实际的世界，而从前生在实际世界的人类并不如我们这样的总有不可终日之感。

"哀莫大于心空"

根本的问题究竟何在？或者无人愿意武断的作答。但我们为备一说，不妨认为今日世界最大最根本的问题就是缺乏信仰；"哀莫大于心死"，似可改为"哀莫大于心空"。今日的人心，普遍的空虚无主，所谓对政治、对社会、对经济、对一切的不满与反抗，主要的都由空虚而来。我们为清楚起见，若极端的讲一切不满的表示、一切反抗的行动、一切清楚的或不清楚的、说得出的或说不出的欲望，可说都是藉口，都是内心烦恼状态下向外找发泄对象的一种活动。一般人所喊的、所作的、所追求的，并不代表他们内心中真正的要求。所以他们表面所悬的目标即或达到，他们仍是不会满足，恐怕还要找其他的发泄对象，以便排出他们心中的无穷闷气。

基督教维系不了人生

我们以上的话，并非专论中国，也非特指欧美而言，这种时代症是有世界性的，中西各国都不能免。先讲西洋，过去支配欧美的人心的是基督教。任何痛苦，任何混乱的时代，人心中都有基督教的信仰作为生活的指针，最困难也不致完全无望。心安理得，身外的一切问题都比较的容易应付。即或应付不了，也不致有漂泊无主之感。这种局面一直维持到十九世纪。十九世纪是最后的有信仰的时代，大体上讲，十九世纪是浪漫主义的时代。对于三四百年前盛行的、法国革命才完全推翻的封建制度，与封建制度下的宗教神秘、社会状态、人生理想，欧美的人类发生最后一次的回忆与无限温情的向往。对于封建时代的历史，欧美人士是到十九世纪才彻底研究的。对于封建时代的文化，欧美人士是到十九世纪才真正的赏鉴的。十九世纪的人不一定都信宗教，然而都有宗教的精神，靠着宗教传统所赐予的余力，一般人对世界仍然乐观，对宇宙仍有希望，对人生仍认为是有无限的前途，半宗教的半科学的无限进步论可说是十九世纪的中心信仰。所以有人称十九世纪为"希望的世纪"，能说清楚的人或者很少，但每个人对于未来都怀有无穷的希望。这个心理的乐园，及今思之，已是梦境。点破这个幻梦的就是二十世纪初期的第一次世界大战。第一次大战的欧美人类，都渐渐感到十九世纪只是一种回光返照，是末世前夕的一种盛世追忆。这种感觉，到第二次大战的今日更为普遍，普遍到无人认为值得多谈的程度。今日欧美的人心是没有希望的、没有信仰的、没有前途的，只有对于身外的一切乱事抨击，以求得一种临时的虚伪安慰。这种安慰有如鸦片所给的安慰，没有真正满足之时，并且恶瘾愈来愈深，终极的前途是整个的毁灭。

中国的家族主义也失了效用

中国的历史背景与文化传统虽与欧美不同，但因受了强有力的西洋的一百年的动荡，我们今日已经不由自主，在大潮流上无法逃脱欧美的影响；欧美的精神空虚，在中国也同样的出现。中国原来也有宗教，就是家庭主义或家族的崇拜。所谓拜祖，并非拜祖，而是拜祖先所象征的过去现在与未来的整个家族，就是"拜子孙"也无不可。周代的铜器上，多刻有"子子孙孙永宝用"一类的字句，这是家族主义最清楚的表现。讲孝道，讲三年丧，讲繁杂丧服制度，这都是以家庭为中心的宗教行为。个人之前有无穷世代的祖先，个人之后有无穷世代的子孙，个人只是个无穷之间的一个小点，个人的使命不是自己的发展，而是维持无穷的长线于不坠；有助于维持此线的个人发展，才是有意义有价值的发展。人生不能专为自己，必须有大于自己的理想目标，作为自己追求的最高目的。这是古今一切宗教的共同点。中国自四千年前文化初开起，就选择了家族生命与家庭发展为人生的最高目标，四千年间并无根本的变化。佛教本是一种反家族的或非家族的宗教，但传入中国后，就很快的中国化，轮回因果变成家庭的盛衰的一种解释与保障，超脱七世父母的盂兰盆会在一般的意识中是佛教的最大典礼。至于与家族无关的佛学奥义，那是少数人的研究题目，并非一般人的信仰对象。这是家族主义根深蒂固的明证，把一种反家族的外来信仰也变成维持家族的一种助力。

但这种局面今日已经过去，或将要过去，或已微弱不堪，不能再作为满足人心的一种精神力量。过去一个中国人的全部需要、全部欲望、全部的精神要求，都在家族的园地内得到满足。成年后，就结婚，生理的最大需要已无问题。娶妻后就生子，自己上下衔接，自然感到成为无穷世代中的一环，精神已有寄托，无须再有更抽象更超然的理想或信仰。娶妻生子后若有新的发展，也不过是作一番光宗耀祖扬名于后世的以家族为中心的事业；否则只在家门之内安分度日，身体精神两方面已都可没有空虚之感。但今日情势大变，成年后不一定娶妻，娶妻后不一定生子，即或娶妻生子，因为家族的环境已改，也不能再满足一个人的全部精神需要。凡是一个中年人以上的青年，总有空虚之感。仅打个人的小算盘的终属少数，多数人都要把自我扩大，追求超然的理想。而可悲的就是旧的理想已不适用，西洋也不能给我们一个完全满意的新的理想，许多青年只有左右彷徨，无所适从。

俄罗斯民族的新生力量

西洋的发展如彼，中国的发展又如此，按理今日是到了宗教复兴或新宗教创立的时会。但最少在目前，所有旧的宗教都无复兴的生力，新的宗教也无创立的征兆，人心最大需要无从满足，这是今日全世界各地莫可名状的动乱的根本原因。心地空虚的人，对于外界的一切都会感到厌弃的。但饥者不择食，渴者不择饮，饥渴至极的今日人心必要寻找一个止痛救苦的力量。逢巧今日世界上有一个富有信仰力量的民族，有创造新宗教的潜力，自然成为许多人的向往之路。这就是俄罗斯民族。

撇开至今没有前途的非洲的许多民族不谈，俄罗斯人是今日世界文化发展上最年轻的民族。中国、印度、回教世界、西欧北美，就文化的过程言，都已到了早期的或晚期的成年时代。唯一尚未成年的，距离成年尚远的就是俄罗斯。年轻的民族是必有宗教的，无论为自创或外来，宗教必是民族的最大支持力与支配力。俄罗斯民族没有自创宗教，它的宗教是由拜占庭帝国接受的希腊教。不幸自大彼得受西化实行变法之后，希腊教日愈腐败，成为政治的可怜工具，引起有心人的深刻反感。十八世纪以下的俄罗斯文豪无不秉有深刻的宗教精神，但同时多数人都厌弃正统的希腊教。这是一极不幸的矛盾。矛盾的最后结果就是一九一七年的布尔塞维克的革命。在精神上讲，布尔塞维克是一个浑厚的原始民族创造宗教与新文化的革命运动，但它所打的一个重要的旗号却是一种强烈的反宗教主义。一个根本上属于宗教性的运动而喊出反宗教的口号，岂不是最可悲的一种矛盾？这个矛盾完全是希腊教的罪恶所造成。一个宗教运动而唾弃宗教，它就只有把信仰的目标转移到政治社会经济制度之上，强以实现没有阶级的社会，以实现此世的乐园，为宗教的信仰与宗教的目的。然而实际的政治总是一种妥协的勾当，永远难满人意，把实际政治作为理想与信仰，是注定失望的。神秘的基督教、回教及其他类似宗教不必说，连中国的家族宗教，把信仰的对象也寄托在已死的很容易理想化的祖先身上，以及未生的更容易理想化的子孙身上，所以家族主义也不失为鼓励人心的一种活力。但实际的政治与此不同，眼前所见的都是古今政治场所的不美现实，在这种情形下而要人长久维持宗教热诚，显然的大非易事。

布尔塞维克主义何以轰动世界

而我们现在所要谈的不是俄罗斯，而是俄罗斯所影响的外面世界。无论如何的不满人意，一九一七年的革命显然是适合俄罗斯民族的一部分要求而解放了民族一部的潜力，使他能在一种奇特的政治性宗教之下发挥出宗教的努力与奋斗精神。宗教性尤其显著的，就是它的宣传精神与同化能力，在人类历史上这是新宗教所独有的特征。第三国际存在也好，废除也好，布尔塞维克主义的向外传播是一样的。逢巧今日世人之望宗教，有如大旱之望云霓，所以俄罗斯民族的向外宣传特别顺利。真正讲来，许多人所接受的，主要的不是任何的政治经济理想，而是这种理想背后的宗教精神与宗教安慰。所以对于一个已信的人，他人若想用辩理的方法来证明他政治理想的错误或不妥，那是最愚不过的企图，因为整个事情根本不是理性的问题，而是信仰的问题，用辩理去推翻信仰，是向来没有成功之望的。今日世界各国，正式加入共产党的人都属少数，往往是极少数，但接受共党主义的所谓左倾思想或左倾心理，今日却相当普遍。青年人尤其多受此种影响。一个人在二十岁左右，是最需要信仰的时候，在旧信仰都已失效的今日，各国的青年很自然的就群趋于这唯一的新信仰。今日许多青年的醉心于苏联的一切，为苏联而忘身忘家、忘国家民族，都可由此中得到解释。这是一种宗教现象，一种不可理喻的而最自然不过的人类行为。

但悲哀也由此而来

但时代的悲哀也由此而来。把信仰寄托在实际政治上，总是非常危险的。在短暂的狂热时期，可以只求理想，不问实际，闭眼而不看实际，看见而仍否认实际。但很少人有长久维持这种超绝狂热的本领。迟早要有一天，信徒们要了解政治终是政治，不只在策略上不择手段，在目标上也往往要违背本心。愈是诚恳的人愈易感到失望，失望的程度也必愈深。凡是与青年接触较多，并以同情的态度观察青年的人，心中都有一种不可磨灭的痛苦印象：就是热烈几年之后的一些青年面孔，一种任何的物质打击所不能产生的面孔。双目无神，面部全无表情，象征精神之几乎全部死去。并且这种青年都是最有希望的青年，神经最敏，理想最高，热情最奔放。一般的青年可于失望后摈弃一切信仰，专心从事个人的事业，不再过问难以捉摸的问题。他们当然也有痛苦，但痛苦是暂时的，是有止境的。少数特别诚恳的青年，却不能忍受失望的打击。深的创痕终生不能治疗。他们为生活的驱使，或能机械的从事一种事业，但他们永不能再有自发的振作。"哀莫大于心死"一词，可以改变意义而应用到这种青年身上，他的心已因不堪摧残而死去，他们已成了行尸走肉，不是可耻的，而是可怜的、最值得同情的行尸走肉。这种人各国都有，并且不在少数。这是二十世纪的时代悲哀。尤其可悲的，就是这种时代悲哀短期还看不出解脱的迹象，使人对整个局面发生最痛苦的爱莫能助之感。我们只能相信人类文化尚未发展到尽头，只能希望人类的自寻烦恼仅是一时的现象，只能认定人类的创造力量还有新发展的可能；在黑暗中的短期摸索之后，不久可以发现一片光明的无限前程。

（原载《中国文化与中国的兵》，台北里仁书局，1984 年版）

《周论》发刊词

在刊物已经很多的今日，又出一个新的刊物，似乎当有充分的理由向社会说明。今日的中国，今日的世界，都处在政治兴趣特别浓厚的时代，刊物的众多也就是由于此种兴趣。政治兴趣使人热烈，使人动感情，使人把热烈的感情当思想看待。感情是需要的，感情是重要的，但感情不能代替思想。我们承认政治兴趣的正当与必需，我们也要时常谈到中国的与外国的，理论的与实际的，美好的与丑恶的各种政治问题。同时我们也要谈其他的问题，政治无论如何重要，政治仅是整个文化的一部而非全部。并且我们无论是谈政治，或谈人生的其他方面，希望都能采取科学的方法，保有客观的态度，维持冷静的精神。主观与热烈可以表现于行为，不能表现于思想。主观热烈而表现于思想，思想就成了信仰。我们不反对信仰，但信仰不可当作思想。信仰也是思想的一个研讨的对象。正如中古的欧洲一样，今日的世界似乎又走入一个新的信仰时代。我们愿意请求社会，不必强要我们追随信仰的潮流。追随潮流的人已经够多，似乎不妨有少数人从旁向大家报告一下，究竟潮是如何流法，前途有无阻碍，有无困难，有无危险。因为我们愿尽这样一个从旁报告的责任，所以希望社会不必要叫我们像潮流中人的那样热烈的肯定与热烈的否定。我们不是不敢肯定或否定，而是不愿轻易肯定或否定。民主，自由，平等，前进……谁不欢迎？谁不希望？独裁，奴役，不平，反动……谁不反对？谁不咒诅？但是无论好的名词，或坏的名词都已被人用烂，都已在潮流中撞破，今日几乎已经无人知道这些名词究竟还余有多少意义。滥用名词的结果，坏的名词使人无动于衷，好的名词使人发生反感，所有的名词都有变成笑柄的危险。这是如何令人惋惜，如何令人悲叹的一种意外发展。这些名词，以及同类的或有关的名词，我们仍然要用。但是我们用时，是要分析概念，研究问题，不是要把名词本身作为目的。我们的武器是思想，是概念，不是名词，不是口号。在一切名词都已变成口号的今日，千篇一律的话我们不愿再说一遍。我们只以科学、客观、冷静自勉，尚祈国人时于指教是幸！

（原载《周论》创刊号，1948 年 1 月 16 日）

有关马克思的两篇文件

　　一九二七年纽约"国际书店"出版了一本《马克思：为人，思想家，革命家》（*Karl Marx:Man,Thinker,and Revolutionist*）一共汇集了十七篇文字，对于马克思的为人、思想与活动作了一个概括的介绍。其中有两篇，我们下面准备译出，即达尔文给马克思的一封信，和恩格斯报告马克思病况及逝世的一封信。第二篇是恩格斯在马克思逝世的次日对他的历史地位的经典论断。

　　两篇文字前我们各加引论，第二篇有几处也附加注释。

一、达尔文致马克思书

　　达尔文生于一八〇九年，比马克思年长九岁，两个人是同时代并且同辈分的人。达尔文死于一八八二年，次年马克思逝世。自一八四八年欧洲大陆上的革命失败之后，由一八四九年起，马克思就长久地流亡于伦敦，此后三十余年的时间，马克思写他的最重要的有全部历史意义及世界历史意义的革命作品的时候，同时也是达尔文在他自己局部的范围之内，在生物科学的领域之内，写他的带有革命性的作品的时候。马克思的《政治经济学批判》与达尔文的《物种原始》，于同一年（一八五九年）问世。《资本论》第一册出版的时候（一八六七年），达尔文正在准备他的第二本经典《人类原始》，此书四年后（一八七一年）也与世人相见。五年之后（一八七六年）恩格斯写《从猿到人》，主要的就是根据这本书中的资料。马克思无书不读，并且都能取其精华，他在《资本论》中也提到达尔文，他显然是曾经读了达尔文的全部著作。

自一八五九年达尔文的第一本经典一出，立刻在英国以及全欧洲，甚至包括美洲，引起翻天覆地的论辩。马克思虽然没有参加这场论战，他对于论战的发展必定密切注意，所以达尔文在他的心中必定印象很深，然而他们两人似乎向未见过一面。他们只有过一次人与人间的接触。当一八七三年，《人类原始》出版后的两年，《资本论》第二版印出时，马克思曾赠予达尔文一本。达尔文收到赠书后立即写信致谢，这封信是我们今天所仅有的两人之间直接交往的一篇历史文件。下面是原信的译文：

一八七三年十月一日。

阁下：承你惠赠你的大著《资本论》，谢谢；我衷心希望我能更多地了解政治经济学这一深奥重要的科目，使我更有资格接受你的赠书。虽然我们所研究的是如此的不同，我相信我们两人都热烈地希望知识领域的扩展，长久看来，这是一定会增进人类的幸福的。

查理·达尔文

这本必有马克思亲自署名的《资本论》，今天应当还在人间，但我们向未听说达尔文的子孙或英国任何方面提到过这有种种不同的历史意义的整整八十年前的一册经典。

二、恩格斯致索盖书

腓德烈·阿·索盖（Frederick A.Sorge）是一个由德国移植美国的人，在纽约组织了美国一个早期的革命团体"共产主义俱乐部"（一八五二年），自第一国际成立后（一八六七年），他就领导美国方面的支部。第一国际总部移到美国后，索盖任总部的书记。索盖生年待考，他大概比马克思、恩格斯都要年轻，他死于一九〇六年。马克思、恩格斯对索盖都很重视，双方时常通信。马克思最后一次生病，索盖非常关心，有时认为写信太慢，甚至打电报讯问病况。马克思逝世的次日，恩格斯就给索盖去了一封长信，把马克思最后一次生病的前后经过与逝世时的情况，详细报告一番，在信中并对马克思在当时工人运动中的枢纽地位，予以透彻的说明，同时在信的末尾对于马克思死后工人运动可能发生的错误路线，他也有一针见血的预见。恩格斯尽力抑制自己心中的沉重感，不因个人的悲痛而忘劳动人民的大事，然而字里行间我们仍可体会到恩格斯沉痛万分的心情。我们下面把这封信译出，其中纯讲病况的一长段从略：

伦敦。一八八三年三月十五日，下午一时四十五分。

亲爱的索盖：

你的电报已于今日晚间收到。

多谢你。

我过去无法寄给你马克思病况的经常报告。病势忽好忽坏，不可能经常报告。现在把全部经过的要点告诉你。

（以下讲一八八一年十月至马克思逝世前的一年半期间的病况一段，从略。）

所以在过去的六周，每日清晨当我转弯踏上他所住的那条街道时，我总是心怀恐怖，唯恐看到外窗拉下。①昨日下

----

① 西洋风俗，宅中死人，外窗即拉下。

午(下午是看望他最合适的时候)，当我二时半到他家时，我发现大家都在哭，认为最后的时限已到。我问病情如何，并想叫他们多注意有希望的方面。他只有一次轻微的冲血，[①]但病势恶化的很厉害。我们那位忠诚的老伦姗[②]——她曾一直像慈母维护生病的子女那样无微不至地维护马克思——走上楼去，下来告诉我，他已入睡，但是我可以上去看看。我上去看见他靠在那里，的确是入睡了，是那个永不再醒的入睡。他的脉搏已停，呼吸已停。在伦姗离开他的两分钟内，他已安安静静地，并且没有痛苦地逝去了。

凡是按照自然规律发生的事，不管是如何不幸的事，都带有令人慰藉的因素。现在也是这样。医学的技巧可能叫他再度几年拖生的生活；可能——为提高医生们的威名——叫他一寸一寸地死去，而不是一下从他们的手中溜去。但是我们的马克思绝不会愿意忍受这样的一个结局。继续生活而望着许多没有完成的工作，老在无望地想着完成它们，那对他将远比安然地急速地死去为痛苦。他很欣赏伊比鸠鲁[③]的一句名言："死亡不是死者的不幸，而是生者的不幸。"我们怎能希望这个巨人，这个天才，作为一个废人去生活下去，成为医学的一个点缀，但是也成为庸俗之辈的一个讥笑对象，这些庸俗之辈是在他强健的日子里他曾经时常无情地打击过的呢？不！结局如此是再好不过的；两天后我们就把他送到他的夫人长眠的墓中，是再好不过的。

---

① 马克思因肺部冲血致死。

② 伦姗，德文 Lenchen，为女名 Helene（海伦娜）的昵称，海伦娜·德慕特（Helene Demuth）为马克思家女仆人，人极忠诚，等于家庭的一员。

③ 伊比鸠鲁（Epicurus），公元前四至前三世纪间希腊哲学家。

的确，由于已往全部的经过（对这些，我比医生们知道地还要清楚），我确信其中只有一死与残生之间的选择。

但是无论如何，人类从此短了一头，丧失了我们这一世代最伟大的头脑。

无产阶级的运动仍要继续进展，然而我们已经不再有法国人、俄国人、美国人和德国人到紧要关头不知其然而然地要请教的那位中心人物，并且是从而总可获得清楚的和无可置辩的见解的那位中心人物，这种见解是只有天才和全学才能提供的。

各地的头目，那些小有才的次等角色——更不必提那些招摇撞骗的人了——现在可以为所欲为了。最后的胜利是确有把握的，但是弯路的现象，暂时的和地方性的错误（在此前已经是无可避免的）今后就更要屡见不鲜了。

咳，我们尽我们一切可能的努力就是了！否则，我们活着是作什么呢？当然我们不会灰心。

佛·恩格斯。

（原载《历史教学》1953 年第 5 期）

近代史上的梵蒂冈与世界罗马教(一)
——今日梵蒂冈与世界罗马教简介

本文的目的，是对今日以及全部近代史上以梵蒂冈为中心的世界性的罗马教，作一简单的介绍。文中的史实，一大部分都散见于一般较为详尽的历史书中，无需注明出处；也有的史实是只见于比较专门或比较偏僻的作品中，或埋没于各种内容庞杂的工具书中，对这些事实，都作引证附注。

文分四篇：一、今日梵蒂冈与世界罗马教简介；二、近代史上的罗马教；三、中国近代史中的天主教；四、今日局面。最后作一简单的总结。

梵蒂冈国

作为国际局面中一员独立主权国的梵蒂冈，是一九二九年在墨索里尼的法西斯意大利的维护之下成立的，距今①只有二十二年的工夫。缘自八世纪中期起，一直到十九世纪的中期，前后一千一百年的时间，在意大利半岛的中部，以罗马城为中心，本有一个教皇国，也是欧洲许多大大小小封建国家中的一分子。法国大革命后，资产阶级的民族主义与日俱盛，千余年间仅为地理名词的意大利也逐渐统一为意大利王国，在这统一的过程中，教皇国的领土都并于新的国家，最后只剩下罗马城与城郊之地，在法国的保护之下苟延残喘。一八七〇年普法战争爆发，法国驻军

———————————

① 1951 年。

撤退回国，意大利王国的军队开入罗马，并宣布以罗马为首都，只有城内的梵蒂冈宫与附近的一些建筑，新王国没有进行占领，仍留给教皇使用。一八七一年，意大利政府并公布"教皇保障法"，承认教皇有一般国家元首的地位，承认各国派驻梵蒂冈宫代表的外交使节地位，承认梵蒂冈宫及附近地方有治外法权，并应许每年向教皇缴纳岁币，其数额大致与过去教皇国的收入相等。对于意大利王国的这种优待条款，教皇坚决拒绝接受，根本否认意大利王国合并教皇国领土的合法性，并自命为"梵蒂冈的囚徒"，声明自己既被意大利王国所困扰，今后将永不逾越困居的宫墙一步。此后六十年间，前后五任的教皇，都坚持这个姿态，并禁止意大利的教徒（也就等于意大利的全体人民）参加新国的一切政治活动，虽然这种禁令当然是不会发生作用的。

第一次大战后，首先法西斯化的国家就是意大利。教廷似乎认为这个新的意大利较合口味，在双方情愿之下，于一九二九年，教皇比约第十一世就与莫索里尼签订协定，解决了六十年的悬案，主要的条件有二：一、恢复教皇的政权，意大利承认梵蒂冈宫为独立的主权国；二、意大利王国对教廷交付一笔大的赔款，即现款七亿五千万里拉及政府公债券十亿里拉。教廷方面声明六十年前的纠纷一笔勾销，表示不再提旧日教皇国领土的问题，不久教皇正式出宫走了一遭，表明已不再是"梵蒂冈宫中的囚徒"。一笔总赔款的办法，由教皇的立场看来，胜于一八七一年意大利政府所拟定的每年津贴的办法。每年由意大利接受津贴，将使教廷有成为意大利的附庸之势；而一笔赔款，仅是赔款而已，不致引起不利的政治后果。

一九二九年出现的这个正式称为"梵蒂冈城"的新国家，是全世界最小的国家。它不仅是完全被另一国的领土所包围，并且是局限于另一国首都的市区之内。全国的面积尚不满五分之一方英里，人口向未超过一千，由表面看，是微不足道的一个国际成员。但这个国家的实质与世间任何其他的国家都大不相同。它是势力遍世界的罗马教会的神经中枢，这个宗教帝国的人口超过四亿，仅略少于中国的人口，多于中国以外任何国家的人口。称人口一千的梵蒂冈为主权国，只是国际法观念下的一种说法而已，它实际是世界性的一个富有战斗性的教会的大本营；今日世界上多数地方的人，包括我们新中国的人在内，都急需对于这个大本营及它所指挥的普世教会取得较为深刻的认识与了解。

教徒数目及其分析

根据一九五〇年八月梵蒂冈广播所公布的官方数字，世界人口与教徒人口的数字如下：

世界人口——二，三七四，四七九，〇〇〇

罗马教徒——四三二，〇六四，〇〇〇

关于这两个数字，我们可作两种分析。第一，在今日世界二十三亿以上的人口中，罗马教徒占四亿以上，约为百分之一八点二；那也就是说，今日世界上每十个人中，就几乎有两个人是宗奉罗马教皇的。第二，在最近二十年中(一九三〇至一九五〇)，教徒数目的增加为一一九，〇〇〇，〇〇〇，增加三分之一；而世界人口的增加为六〇〇，〇〇〇，〇〇〇，增加六分之一，教徒比率的增加超过全世界人口比率的增加一倍，这是深值得我们注意的。

罗马教教会的重心在欧洲，我们再看一看欧洲的情形：

欧洲总人口（包括苏联欧洲部分）——五五六,六二四,〇〇〇

欧洲教徒——二一六,〇五三,〇〇〇

在欧洲，罗马教徒在总人口中的百分比为三八点八，每十个人中将近四个人为教徒，约等于全世界比率的二倍。专就宗教言，其他的欧洲人，或信希腊教，或信耶稣教(新教)，少数的回教徒与犹太教可以不论。希腊教在东欧各国分立，绝无罗马教的统一组织。耶稣教更是支离破碎，大小的派别不计其数。就实际所能发挥的力量来讲，希腊教和耶稣教都绝无与罗马教分庭抗礼的资格。

美国的情形，是我们特别愿意知道的。一九五〇年的数字如下：

全国人口——一五〇,六九七,〇〇〇

罗马教徒——二六,七〇〇〇,〇〇〇

今日罗马教徒在美国的人口中占百分之一七点七，超过六分之一，不及五分之一，而与全世界总平均的比率相等。美国人自立国以来，就一向以"耶稣教国家"自命，十九世纪末期罗马教徒在总人口中仍只有十分之一左右，半个世纪间的增加率实在惊人。[1]

教徒数量增加原因

皈依罗马教的人数，何以在世界各地都有增加的趋势？主要

---

[1] 各种数字,见下列三书：《公教教义》,第 238~239 页(1950 年,北京方济堂出版，乃最近的中国天主教的官方出版品之一)；*World Almanac* (1950, New York)；*Whitaker's Almanack*(1951, London).

的原因，或者可由三方面来讲。第一，罗马教教义中坚决反对节制生育的立场，在欧美资本主义的世界中使罗马教徒人口生殖率平均的超过耶稣教徒。欧美为基督教重心所在，又为资本主义势力重心所在，一百五十年来，尤其近百年以来，节制生育的风气日愈流行，许多地方的人口增加率趋向于迟缓、停滞，或根本倒退。基督教，不分新派旧派，都反对此风，但新教各派没有力量，没有方法，干预它们信徒的家庭生活，而罗马教会的七圣事中有一种"告解"圣事，就是信徒须向神父忏悔，把一切言行隐私均须全盘托出，神父经此可对信徒的生活加以深切的指导。这种控制法的效用虽不是绝对的，连在重要罗马教国的法国虽也不能十足生效，但一般的讲，罗马教徒的人口生殖率是高于新教徒的。[①]（关于此点，我们只是就事论事，只讲节制生育与新旧教人口比例的关系，并不离题去讨论此种风气本身是好是坏的问题，因为那与本文的主题无关。）

第二，罗马教会传教运动积极，最少在数目字上收效甚大。耶稣教四分五裂，各派的传教运动往往错综复杂，甚至因争夺而互相抵制。罗马教有世界性的统一组织，传教事业也有世界性的通盘筹划，所以收效也较大。例如自第一次大战以后，因政治经济的波动，耶稣教的传教运动在有些地方有收缩的趋势，但罗马教则一切推进如故，在很多地方，尤其在非洲，并且更加积极。近几十年来，凡是非基督教的国家中，罗马教徒的数目都有急剧的增加。

然而罗马教的宣传并不限于非基督教的世界。旧教国家中

---

① Carr-Saunders, A.M., *World Population*：*Past Growth and Present Trends*，pp. 103–104（1936, Oxford）。

不信教的人，以及新国家中的新教徒与一般的人，也是罗马教宣传的对象。自第一次大战以来，新教国家中的各派耶稣教徒或本不信任何宗教的人，以及旧教国家中本不信教的人，皈依罗马教的数目都是逐年增加。第二次大战以来，此种趋势更加显著。以美国而论，近年来每年平均有十万人改信罗马教，第二次大战后，一年往往达到十二万人。①

在所谓基督教的国家中，新教徒与原来不信教的人大批改信罗马教，当如何解释？这恐怕是一个思想问题，这也就谈到罗马教势力增加的第三种原因也是较为根本的原因了。三十年中的两次大战，已把资本主义社会打向没落、混乱与衰亡，一般的人心空虚恐慌，无所适从。十九世纪资本主义盛期一般欧美人不可一世的气概，今日连在资本主义最后堡垒的美国也已不可再见。面对这个新的局面，生长在资本主义国家中的人，可有三种不同的反应：一、少数人认清时代，勇往直前，走上正确的革命路线。走这条路的，在所有资本主义国家中，到现在为止，都还只是少数人，在硕果仅存的资本主义中坚国家的英美尤其稀少。二、因为在资本主义国家中，尤其在资本主义中坚国家像美国一类的国家中，小资产阶级仍盛，小资产阶级的思想意识仍能影响本阶级以外的人，所以面对没落的新局面，有相当多数的人就采取了小资产阶级遇到挫折的一种典型的对付方法，就是消极的对付方法，有意无意的感到前途无望，于是精神成为麻木不仁，生活变为颓废堕落。醉生梦死的生活，在今日的资本主义社会，是相当普遍的现象。三、最后又有一种人，也是少数，但却是可观的一个少数，他们也曾开动过脑筋，但或因开动的方向错误，不可

---

① *World Almanac* (1950, New York).

能真正想通，或因缺少胆量与毅力，不敢接受正确的结论，以致最后不能或不肯走革命的路线。但这些人又是不甘心去走今朝有酒今朝醉的堕落路线的人，于是只有追求精神的安慰，也就是精神的逃避，也就是精神的麻醉，其方式不只一种，然而在欧美各国最现成最方便的一种就是皈依罗马教。放弃奋斗，不再多想，沉醉于神秘的信仰与迷人的仪式中——有些人就如此的"得救"了！

近代传教机构

我们最后可介绍一下传教运动特别成功的罗马教的传教机构。庞大的、永久性的传教机构，是近代的制度，代表因宗教改革而丧失北欧地盘后的一种在欧洲以外追求补偿的企图。这个运动，十六世纪已经开始，大规模的发展是十七世纪的事。一六二二年，教皇在罗马设传信会(Congregatio de Propaganda Fide)。主席为一老资格的枢机主教(Cardinalis)。此人的地位仅次于教皇，常常非正式的被称为"红衣教皇"。(按，枢机主教最多七十人，向例不满此数，他们组成教皇的枢机院或国务院，是教廷机构中最高的机构。他们都由教皇委派，教皇死后，他们在秘密会中选举自己团体的一分子为继任的教皇。枢机主教的礼服以红色为主，所以他们又称红衣主教，教皇的礼服以紫色为主。)另有枢机主教二十五人，实际往往等于半数，及其他人员若干，组成委员会，帮助这位"红衣教皇"处理全世界"传教事业国"的事务。在罗马城设有传信学院，训练传教士往世界各地传教，除意大利人或其他的欧洲人以外，各"传教事业国"的青年子弟，也时常送到罗马受训，受训完成后再遣回自己的祖国传教。传信会的财权甚大，在第一次大战时，它所运用的资金已有美金一亿三千五百万元。当时美金尚未贬值，购买力远高于今日。

除罗马外，各罗马教国家的教会也都设有传教机构，在近代史上法国处在领导的地位，有最重要的传教会。法国最大的传教机构为设于巴黎的外方传教会（La Societe des Missions Etrangeres），成立于一六五八至一六六三年间，传教的对象为东方，就是中国、朝鲜、暹罗、缅甸、印度、土耳其等地。法国其他重要城市也逐渐设立外方传教会，也各自派遣教士，出外传教。但各国所派的传教士，都与教廷保持联系，并非完全的各自为政。[1]

（原载《历史教学》第 2 卷第 2 期，1951 年 8 月 1 日）

---

[1] *Encyclopedia Americana*: "Missions"（1948, New York）.

近代史上的梵蒂冈与世界罗马教（二）
——近代史上的罗马教

在中古时代的欧洲，罗马教教会，特别是教会核心机构的教廷，乃是当时封建社会封建统治的一个最大与最高的统治机构与剥削机构。到了中古末期，公元一五〇〇年左右，也就是宗教改革运动的前夕，教会拥有西欧各国财富的三分之一，主要的为土地与房产。教会的首长，绝大部分都为王族或贵族大地主出身。就财权讲，就血缘关系讲，就社会地位讲，教皇、主教、修院院长与一般的王公大人封建领主完全是一家人，有许多大的教士根本就又兼为封建领主，最高的可以为帝王的直属诸侯。这一套，今日虽大部都已成了过去的陈迹，但我们若要了解现代的罗马教，却必须认识这个封建时代的重大背景。

宗教改革与罗马教

十六世纪初期爆发的所谓宗教改革运动，基本上为新兴资产阶级的宗教运动，或者不如说，是新兴资产阶级以宗教为名所发动的推翻封建统治建立资产阶级统治的一个革命运动。所以这个运动，内部虽然复杂至极，大小的派别虽然是纷乱不堪，但有一点却是大家不约而同的，就是否认教皇与教廷。教皇与教廷不仅是封建统治机构的一部，并且是封建统治权的最高顶点，改革家既要推翻封建统治，其他方面纵然或多或少的可有商量的余地，只有教廷却必须打倒，否则一切就都无从谈起。宗教改革时期的一段，在欧洲近代史上好似是最乱的，五花八门的宗教术语与宗教口号尤其令人头昏目眩，但我们若能抓紧这一点，一段纷乱如麻的历史就不太难理清。

新教胜利后，在新教的招牌下日趋盛强的资产阶级把各种新教的教会也组成统治机构与剥削机构的一部，新教也与旧教同样的成了统治阶级的御用宗教，它们时常甚至不惜采取中古时代残存的因素与办法，作为愚民的手段。但这都是新教胜利之后，资产阶级开始得势之后的事，在宗教改革运动上扬的一个段落中，这个运动仍然是代表进步势力的。并且一直到新教胜利之后，因为资本主义文化中个人主义色彩的关系，新教愈来愈分裂，资产阶级各阶层之间的矛盾在宗教上表现为新教派别的与年俱增，使它绝不可能有大一统的罗马教当初所曾发挥的统治与剥削的效用。

耶稣会

宗教改革运动打击之下罗马教的命运，就事理论，有两种可能。一、以教廷为核心的大一统教会可以根本消灭，分裂为许多大大小小而互无统属关系的独立教会。就新兴的资产阶级与已经萌芽的民族主义来讲，这可说是一种自然的发展，并且在十六世纪中期这种发展好似有具体化的趋势，当时不仅北欧已经等于全部丧失，连教廷对南欧的统治也摇摇欲坠，甚至意大利也呈显不稳之态。新的时代，眼看已经没有教廷的存身之地。二、另一种可能，就是教会内部有人出来，利用新时代中仍然存留的相当浓厚的封建残余基础，在对教会内部加以整顿后，仍然保有资本主义势力发展较弱的南欧半壁江山。最后成为事实的，是这第二种可能。为教廷完成这一个恐怕是历史上最大的反动任务的，就是耶稣会（Societas Jesu）。耶稣会是罗马教历史上最后的一个大修会，组织这个修会的是西班牙人。西班牙在当时的南欧，是最统一，最强大，而封建残余基础与传统宗教基础特别雄厚的一个国家。由这个国家出来一批人，发动所谓"反宗教改革运动"，即一般历史书上的"旧教改良运动"，是再自然不过的事。

耶稣会使罗马教教会内部的组织性加强，它可以说是引用资产阶级的组织方法与进取精神，把一切仍可生效的旧教余势组成精神封建时代性而机构资本主义时代性的一个新时代的旧教会。中古时代，教会本身也还有发展，十六世纪以后的罗马教就不再有重要的新发展，它的根本存在从此就建筑在"以不变应万变"的反动基础上。近代史上的罗马教，可说是一个"耶稣会化"的罗马教。关于耶稣会的问题，非三言两语所能说明，容当另文讨论，我们此处只把它在近代罗马教中的地位简单解释一下。耶稣会是罗马教内部的一个出世修道的修会，但耶稣会士与罗马教许多其他修会的会士不同，其他修会的会士以出世为主，而在耶稣会士，出世仅是更积极入世的一种准备阶段，每个耶稣会士都终生为教会作积极的斗争。耶稣会等于罗马教的参谋本部与谍报本部，常川驻罗马城的耶稣会总会会长，指挥布满全世的会士，每个会士对会长有双重的报告义务：他要报告同会其他会士的言行举动，他要报告自己驻在地的情况，并且一切的报告都是书面的，口头的报告无效。罗马城耶稣会会长的案卷处，恐怕是全部近代史上最完备与最可怕的一个世界情报总汇站。耶稣会的会长，绰号"黑衣教皇"（因为修士的服装是黑色），他与正规的教皇是罗马教世界的两大要人，一暗一明。有人甚至说，暗的教皇的权力尚在明的教皇之上。这未免有些夸张，但说他是教会两大要人之一，却不能算是过火的。

一贯的反动作风

这样一个"耶稣会化"的罗马教，在过去四百年的历史上，无论一般信徒如何，其机构所表现的是一贯的反动作风。随时随地，随机应变，罗马教必定勾结落后势力与反动势力。他们一贯的要争取统治阶级的上层。在罗马教国，他们必与统治的上层狼狈为奸，合同对人民压迫剥削，在欧洲的西班牙与奥地利如此，在欧洲以外的拉丁美洲各国以及菲律宾也是如此。在新教国家，经过宗教改革时期一度短兵相接的冲突阶段之后，罗马教都是极力设法接近统治上层，以增进自己的地位：此种企图，在最近的历史上一个典型成功的例，就是美国，在仍然名为"新教国家"的美利坚，罗马教的暗势已经极为可观。在非基督教的所谓异教国家，罗马教教士无不尽可能的奉承统治上层，以达到传教与建树势力的目的。近代史上最早来中国的天主教教士，也是耶稣会士，利玛窦、汤若望诸人，个个都表现了此种作风。

以上所论的，是"明"的一面，另外还有"暗"的一面。只要有此需要又有此机会，罗马教对各国必定阴谋破坏。在罗马教国，普通无此需要。但这罗马教国也时常不满于教会的作风，而思有所限制。远的不论，只就最近五十年讲，二十世纪初期的法国与二十世纪十年代以下的墨西哥，就都曾发生过反教会的政治斗争。法国因政府力量较大，没有给教会许多阴谋破坏的机会。墨西哥政府的机构本不甚灵，加以美帝国主义从中作祟，于是罗马教会不断的发动阴谋与暴动。自一九一七年以来，在农民与城市工人及小资产阶级的推动之下，墨西哥发生了反封建地主反官僚资本的革命。教会本是最大的地主，又与官僚资本有血肉相连的关系，很自然的就与其他的大地主以及城市中的官僚军阀结成反革命的联盟，一面把接受革命政权所分配的教会地主土地的农民都驱逐出教，一面又利用一部落后的农民与城市流氓组织叛变，第一次由教会所组织的武装叛变于一九二六至一九二七年间出现。一九二八年，教会又派人刺死新选举的进步总统，并第二次发动武装叛变。这一类的新闻，在世界各国由资产阶级控制的报纸中，或者一字不提，或者歪曲真相，以致世人至今很少明了墨西哥人民二十世纪的艰苦革命斗争的经过的。①

至于在新教国家，罗马教是时时刻刻有破坏的准备的。此种破坏的事例，在十六世纪以下的欧洲史中，真是举不胜举。在十六世纪末与十七世纪初英国女王伊利沙伯一朝之下，罗马教会曾经无数次的发动破坏与刺杀的阴谋。伊利沙伯死后不久，英国发生了阴谋于国会聚会时炸毁全部建筑的重大事件，也与罗马教有关。十七世纪前半期，彻底破坏波希米亚(今捷克)的三十年战争，大部为耶稣会士怂恿的结果，大体已经新教化的波希米亚自此遂在强力之下又改信罗马教。进入十八世纪以后，新教各国的政府都已稳定强大，罗马教不敢再发动过度危险的阴谋。但这只是不敢，不是不愿，由最近墨西哥的例来看，可知只要不过度冒险，罗马教是随时都可发动暗杀与暴动的。

最后，在所谓异教国家，教士中少数人根本是谍报人员与侵略先锋，其他较为老实的传教士也往往无意中被他们的政府利用为情报的供给者，他们关于传教国情势的报告，直接间接的最后无不转到他们政府的情报机关中。凡留心阅报的人，都可知道，最近一年我们中国已经不断的发生罗马教教士阴谋破坏的

---

① Tanneubaum, Frank, *Mexico: The Struggle for Peace and Bread*（New York, 1950）.

案件。但这绝不足为奇，绝不是今日才有的事，远在明末清初，在罗马教传教士进入中国没有多久，他们就已在怂恿他们的政府用武力来侵略中国。①

始终不变的封建剥削方式

以上是就政治而言。但政治仅是经济的集中表现与最高表现，在经济上罗马教教会必有与政治相呼应的作风。这个作风也就当然的是属于封建剥削方式的。一直到如今，罗马教一般的高级教士，其生活多是奢靡挥霍的，仍是不折不扣的中古时代王公贵族的作风，同时他们却又不厌其烦的教诲他们的教民，要安分守己，要乐于神命的贫贱，若忌羡他人的优裕生活就是"犯罪"！凡在罗马教国，教会都把握大量的土地与房产，租税的剥削是教会的主要财源之一。法国在二十世纪初年已大部的，墨西哥在二十世纪十年代之后已部分的，解决了这个问题，但西班牙葡萄牙与很多其他的罗马教国，至今仍是罗马教为所欲为的地带。

在新教的国家，罗马教虽不能像在旧教国家那样行动便利，但它仍是利用一切机会，广置不动产。罗马教是现代世界中最大的封建残留，它注定的，不知其然而然的要走封建剥削的路。新教国家都是资本主义比较发达的国家，资本主义社会的私产观念与私产制度，附带的也有利于罗马教会的土地活动，只要产业一经到手，就可受到法律的保护，租税的剥削也就受到法律的保障。

在非基督教的国家，罗马教的传教士，只要有机可乘，也必

---

① 见历史教学第二卷二期，陈庆华《早期天主教士底武力征服中国的阴谋》。

定广置田产与房产。近百年来在中国，近三四百年来在印度，无不如此。在中国西北的边地，罗马教会往往利用种种手段大量集中土地，然后强迫无地少地的农民因需耕地而入教，而教士把这些集中的土地与教民加以政治组织，使他们逐渐与中国政府绝缘，一切的纠纷都请教士解决，许多的农村酷似欧洲中古的庄园，教士就是庄主与"土皇帝"，兼地主、君主、教主三者于一身，其威风远在任何土生土长的地主之上。这类地方的农民，往往忘记自己为中国人，心目中只知有至尊无二的外国教士。但在中国，天主教的此种封建统治与封建剥削，还算是例外的情形，在中国多数传教的城乡，它还没有能够发展到这步田地。近代史上最典型的此种发展，发生于十六世纪初年至十九世纪初年三个世纪间的新大陆。

新大陆殖民地——"罗马传教士的乐园"

十六世纪初期以下，西班牙与葡萄牙两国把新大陆的大部据为己有，侵占土地，奴役、屠戮、剥削印第安人。在这种侵略征服的过程中，罗马教会是精神武器，与西葡政府所代表的政治军事武器密切联系，并行不悖。教士以宗教的信仰与天堂的幸福来麻痹印第安人，削弱他们的反抗，使他们更容易的接受外族的征服、统治与剥削。或由宗主国的王命，或由殖民地总督的分派，教会在各处都攫夺大量的土地与人民，结果在全部的拉丁美洲，教会都成为天字第一号的地主，地位远超过任何其他的一个地主。但最令教会心满意足的，是巴拉圭的情形：此地几乎全境都由耶稣会的传教士所占有，占有之后不容任何外人入境，也不准印第安人离境，他们把巴拉圭组成一个经济政治宗教合一的神权国家，人民一部为奴隶，其余的人都等于农奴。至今耶稣会士每一想到过去巴拉圭的情景，都不胜为之神往。

到十九世纪初年，在法国大革命的影响之下，拉丁美洲爆发了反西统治的革命时，罗马教教会所占的土地平均在三分之一以上，在墨西哥则高到二分之一以上。把土地与其他财富合并计算，教会的财富约占整个拉丁美洲财富的一半。除直接的土地剥削外，教会还保有许多矿场与手工业作坊。教会又是最大的高利贷者，以土地作贷款的抵押，许多土地就如此的转入教会手中。缘引欧洲中古的办法，教会又向殖民地中所有的人征收宗教的什一税，每年每人须把收入的十分之一缴予教会。教士为人民施行各种宗教仪式，如洗礼、婚礼、葬礼等，也要人民"乐捐"，实际是强迫缴费。此外教会又经常的发起各种巧立名目的宗教奉献，如为死人念经，为圣人供奉等，都是随时会压在人民头上的苛捐杂税。除了以上这些有形的，可以数字计算的剥削外，还有各种无形的，不易清楚算账的盘剥方法。例如教会时常强迫征工，不仅不付工资，并且也不供饮食，人民须自己贴本钱来为教会工作。教会也与一般地主一样，大量的用印第安人及黑人为奴隶或农奴，使他们无偿的为教会劳动。十九世纪拉丁美洲殖民地人民发动革命时的主要革命对象，与其说是天高皇帝远的欧洲宗主国的统治，不如说是驻在当地的宗主国代理人的压榨，而在这批代理人中，教会是占有特别重要与特别刺眼的地位的。所以在革命的过程之中与革命成功之后，各新兴的国家都把当地教会的土地与其他财产大量没收或征收。此后百余年间，教会虽然时作"变天"的思想，反动的统治者与美帝国主义虽也时常与教会勾结，到十九世纪末二十世纪初教会虽或多或少的又集中占有了土地，但在多数国家，人民的力量使教会不能重建殖民地时代的"乐园"。①

十九世纪的剧烈斗争

法国大革命与继之而起的十九世纪一系列的资产阶级革命，对于基本上代表封建主义的罗马教并未能给予致命的打击；相反的，罗马教对革命潮流还进行了不断的还击，使十九世纪的资本主义世界成了一个剧烈的政教斗争场所。当时资本主义正盛，教廷就把这个正盛的资本主义以及资本主义社会的一切意识形态作为主要的攻击对象。同时，资产阶级掘墓人的无产阶级与代表无产阶级的社会主义思想也已兴起，教廷对于这个新兴的阶级与新兴阶级的意识形态也一并发动攻击。正如我们上面所说，近代的罗马教是"以不变应万变的"，策略仅可因时制宜，因地制宜，在原则上它是绝不对历史的任何前进潮流表示让步或妥协的。

违反科学的愚民教义之故意的发扬与强调

罗马教核心机构的坚持反动，在科学一日千里的十九世纪，特别显著的见于教廷对于反科学的愚民教义之故意的大事宣扬与经常强调。我们下面简单的举五十年代至七十年代间的三件事为例。一、一八四五年，教皇正式宣布"圣母无染原罪"为信条。按基督教自古就有的信仰，说耶稣为童生，有母而无父，圣母受神感而怀孕生子。现在教皇又进一步说圣母自己"无染原罪"，等

---

① Diffie, B.W., *Latin American Civilization*（Harrisbury, Pa, 1945）.

于说她也是童生，耶稣的外祖母生女时也是受神感的。（以上是用可通的文字所作的最简单的解说，若按罗马教神道学的术语解释，还复杂的很，但那将离题太远，恕不在此多赘。）二、一八六四年，教皇公布了一篇"谬论大纲"（Syllabuserrorum，中国天主教出版品中普通译为"错误目录"），内中列举了近代思想意识与政法制度中的八十条"谬论"，警告信徒要小心防范。这八十条"谬论"等于把近代文明的全部都罗致在内，没有一点遗漏，其中包括自然主义，绝对唯理主义，缓和唯理主义，冷淡主义与放任主义（指近世非宗教的思想与各国政府的宗教放任政策而言），社会主义，共产主义，圣经研究会（罗马教一向禁止信徒自由阅读《圣经》，阅读《圣经》是教士的专利），国法高于教法的制度，公立俗世学校（教会一向要抓教育权），俗世婚姻（即不经教堂而由司法机关登记的婚姻制度）等等。一句总结性的警句值得引录："那是一个谬论，说罗马教宗能够并且应该与进步，自由主义，及现代文明进行妥协。"①总之，教廷坚持应当回复到中世纪教会把握一切的"黄金时代"，全部近代文明当予一笔勾销。三、一八六九至一八七〇年间，教皇在梵蒂冈宫召开历史上最后一次的宗教大会（中国天主教称这种代表全世教会的宗教大会为"公议会"），根据事先的布置，耶稣会士在会中大肆活跃，最后挟持全会通过了"教宗不能错误"的信条，那就是说，教皇（中国天主教普通称之为"教宗"）对信仰与道德问题的正式发言，等于神音，是不会错误的。由教会将近二千年的制度来讲，今后已无再召开宗教大会的需要。过去教皇虽已是专制的宗教元首，但依惯例，宣布

---

① Lanager, William L., *An Encyclopedia of World History* Boston, 1948), p.664.

新的信条须经代表全世的宗教大会讨论决定。现在大会既然承认了"教宗不能错误"，今后教皇不仅是教会行政上的最高元首，而也是宗教信仰上的最后权威，他的专制统治已达到天衣无缝的完整程度。此案通过后，教皇宣布大会休会，而未正式宣布散会，所以八十年后的今日，与会的代表虽都已"归天"，但一八六九年召开的"梵蒂冈公议会"在名义上仍然继续存在，随时可以复会，而在这个公议会未经解散之前，当然不能再召开新的公议会! 教皇的专制统治，在理论上与制度上可谓都已有了绝对的保障，在历史日愈走向民主的时代，教廷在名义上与事实上都已实现了百分之百的专制独裁。

我们举上列的三例，不是为的介绍罗马教的信条，而是为的说明罗马教核心机构的基本性质。在近代史上，历史每前进一步，罗马教不仅不随着前进，并且除表示反对一切进步外，还要把信徒向后拉退一步，更坚定的强调反科学反时代的愚民教义，使教徒与近代文明距离愈来愈远，以便教士对他们可以任意摆布。教会每进一步愚民，可能有少数的信徒反对，甚至脱教。一八七〇年"教宗不能错误"的信条公布后，欧美各国有少数教士与信徒表示不能接受，最后甚至与梵蒂冈斩断关系，自组独立的教会。但此种人终究是少数，大多数的信徒，为多年的习惯所困惑，对进一步的精神压力也只有接受，也就等于说是进一步的放弃自己的理智，放弃自己的判断能力，使自己的人格更进一步的傀儡化。而这也正是罗马教核心机构所要达到的最高目的。

"教宗不能错误"信条的宣布，引起相当大的波澜，特别是在德国。德国一部的教士因反对此说而被教廷制裁，方才统一德意志帝国而气概不可一世的俾斯麦大为震怒，发动了反罗马教的"文化斗争"(Kulturkampf)，驱逐所有的耶稣会士出境(一八七二年），并订定了许多其他限制教会活动与管制教士的法令。但是这个"文化斗争"并没有维持很久，更没有坚持到底，资产阶级的政权也是一个剥削性的政权，在本质上是可以与教廷妥协的，在无产阶级日愈强盛的发展下，教廷与帝德同样的感到威胁，所以在教廷略示策略上的让步之后，俾斯麦的政府就把一切反教的法令都停止施行。到一九〇〇年左右，欧美各资本主义国家的政府，除法兰西外，都已与教廷和平相处，而共同的面对劳工，教会开始有系统的以精神鸦片麻醉工人，正与历来的麻醉农民一样，教皇良第十三世(一八七八至一九〇三年间在位)曾经用他"不能错误"的口吻向工人说教："工人应当坦然的接受上天所为他们决定的地位!"[1]如此有用的一个教廷，资产阶级的政权怎能还对它"斗争"呢？

（原载《历史教学》第 2 卷第 3 期，1951 年 9 月 1 日）

---

① Foster, William Z., *Outline Political History of the Americas*（New York, 1951），p.100.

耶稣会
——罗马教廷的别动队

十六世纪在欧洲历史上是所谓宗教改革的时代，在这个运动的激荡之下，罗马教内部产生了一个新的修会，称为耶稣会（Societas Jesu），罗马教最后能得不完全破裂或消灭，主要的是耶稣会活动的结果。近四百年的罗马教，可说是一个"耶稣会化"的罗马教，我们若要了解近代史上以及今日的罗马教，最好是从认识耶稣会入手。本文拟将耶稣会的产生及耶稣会的特性，作一简单的介绍。

宗教改革运动背景

十六世纪初期爆发的所谓宗教改革运动，基本上为新兴资产阶级的宗教运动，或者不如说，是新兴资产阶级以宗教为名所发动的推翻封建统治建立资产阶级统治的一个革命运动。所以这个运动，内部虽然复杂至极，大小的派别虽然是纷乱不堪，但有一点却是大家不约而同的，就是否认教皇与教廷。教皇与教廷不仅是封建统治机构的一部，并且是封建统治权的最高顶点，改革家既要推翻封建统治，其他方面虽然或多或少的可有商量的余地，只有教廷却必须打倒，否则一切就都无从谈起。在一般改革家的心目中，教廷成了旧日一切的总象征，非彻底摈除不可，这种想法，也确是正确的：教廷的能否打倒，或是能削弱到如何的程度，是衡量宗教改革运动的成就的最好尺度。

宗教改革运动打击之下罗马教的命运，就事论事，有两种可能。一、以教廷为核心的大一统教会可以根本消灭，分裂为许多大大小小而互无统属关系的独立教会。就新兴的资产阶级与已经萌芽的民族主义来讲，这可说是一种自然的发展，并且在十六世纪中期这种发展好似有具体化的趋势，当时不仅北欧已经等于全部丧失，连教廷对南欧的统治也摇摇欲坠，甚至意大利也呈现不稳之态。新的时代，眼看已经没有封建大一统教会的存身之地。二、另一种可能，就是教会内部有人出来，利用新时代中仍然存留的相当浓厚的封建残余基础，对教会内部加以整顿后，仍然保有资本主义势力发展较弱的南欧半壁江山。最后成为事实的，是这第二种可能。而教廷完成这一个恐怕是历史上最大的反动任务的，就是耶稣会。

西班牙——耶稣会的出生地

耶稣会是罗马教历史上最后的一个大修会，组织这个修会的是西班牙人。西班牙在当时的南欧，是最统一，最强大，而封建残余基础与传统宗教基础特别雄厚的一个国家。由这个国家出来一批人，发动所谓"反宗教改革运动"，即一般历史书上的"旧教改良运动"，是再自然不过的事。我们学历史的人都知道，西班牙最后所走的不是荷兰或英国的"上"路，而是奥地利或教皇国的"下"路，资本主义的原有条件不仅未予发扬，并且还受到摧残，以致西班牙在昙花一现的盛强之后，成了近代史上一个典型的落后国家。这种发展甚为复杂，但我们若要抓住一点说它是促成这种发展的主要力量，我们可以说那就是中古时代所遗留的"宗教包袱"。在其他方面，西班牙的封建残余都不特殊，唯一完全特殊的就是长期十字军战争所造成的宗教狂与正教狂，对于所谓唯一"圣与公"的罗马正教的忠诚在一五〇〇年左右的欧洲各国中，只有西班牙还可说是不折不扣的，连意大利都远落于西班牙之后，所以在宗教改革运动在北欧爆发之后，意大利人虽未积极赞助，却也无人出来"护教"，无论封建贵族或一般人民，都表示漠不关心，只有西班牙很早的就出来一批人来倡导为保卫正教而斗争。

这就是"旧教改良运动"，而耶稣会的成立与活动是这个运动的主导力量。在这个运动的进展过程中，耶稣会一方面在全欧挽救了教廷，使罗马教不至完全消灭或整个分裂，一方面在西班牙保证了封建残余势力的稳定与再盛，也就是保证了西班牙在近代史上的落后命运与反动任务。

耶稣会的创立人——依纳爵·罗耀拉

西班牙内部的发展，不属于本文的范围，我们下面只谈耶稣会的产生及其全欧性以至世界性的宗教活动。创立耶稣会的是依纳爵·罗耀拉（Ignatius Loyola，一四九一至一五五六年），死后教会尊他为圣人，天主教的中文出版品中普通称他为"圣依纳爵"。依纳爵是一个封建贵族家的子弟，幼年时曾入王宫为侍童，向贵妇学习洒扫应对进退的"骑士"礼教，同时也当然学习武技。一直到二十六岁，他曾经屡上战场。在不作战的时候，他的生活是当时欧洲纨袴子弟的典型生活：姘女人，赌博，二人决斗等等庸俗化的"骑士"作风，是他所最为热心从事的。他的最高志愿，就是能成为一个理想"骑士"。三十岁的那一年（一五二一年），他最后一次上阵，在阵上伤腿，终生成为跛者，"骑士"的理想永无实现的希望。在医院养伤的期间，他读了许多的圣人传与耶稣传，他至此遂决意今后要作耶稣的"骑士"，专作保卫正教的斗争。出院之后，他就开始作宗教的苦修。一五二八年，年已三十七，他入巴黎大学受教。在巴黎的时期，他极力结识志同道合的人，后日耶稣会的创办会士都是依纳爵的巴黎同学。一五三四年，这一批人就在巴黎组织了耶稣会。会名当初用西班牙文 Compania 一字，意为"军团"，到一五四〇年正式向教廷注册时才改用拉丁文意义灰淡的 Societas 一字，是任何团体都可采用的一个含混名词。耶稣会最后的正式会名虽然灰淡，它的性质却是绝不灰淡的，由开创到如今，它始终保持"军团"的积极性与进取性。

耶稣会士的训练

我们若先看一看耶稣会士的训练方法，就容易明了耶稣会的性格。基本的训练，是依照依纳爵根据自己苦修经验所写的一本神修小册。根据这本小册，每个人修行时，都有一位导师随时指导，指导时所用的是高度暗示与近乎催眠的一种办法，逐渐抑制个人的意志，使个人的意志溶解，最后的目的是把活人变成机器人，成为教会可以任意摆布的工具。例如导师可用强烈的形象描写，叫他所指导的人恍如身临地狱，并亲身经历罪孽深重的自己所当经历的种种惨酷罪刑。此时导师开始痛哭，受指导的人也当然痛哭，最后是痛哭得淋漓尽致。但只有悲痛不行，必须也有欢笑。活现的暗示，使受指导的人有如见到天堂的堂皇极乐，不自觉的笑逐颜开，导师更是满脸堆笑，最后是相对笑得合不拢嘴，此身好似已经神化而升天界。总之，导师叫他哭就哭，叫他笑就笑，受训者七情六欲的一切表现，都玩弄于导师的手掌之中，凡能通过这种训练的人，最后只知有耶稣会与罗马教，可以毫不怀疑的终生为会为教奋力斗争。修道本为出世，前此的一切修会，出世的意味都甚浓厚。耶稣会不同，耶稣会士的临时出世修行，仅为更积极的入世活动的准备训练。就这一个基本特点而言，耶稣会在性质上可说是一个近代的机构，而非中古的机构；但它采取这个近代的工作方法，却为的是叫近代的社会再返回到中古的范畴！这无疑的是历史上一个最奇特的现象。

耶稣会的组织

耶稣会士不只训练严酷，并且也等级严明。一个耶稣会士的训练考验的时期，超过任何其他修会的修士，并且是等级多而严，由此级升到彼级，都要经过相当时期的磨炼。除极少数能升到最高一级的人以外，任何人都可随时被开除会籍。耶稣会只收体力智力一并健全的人，过去的修会向来无此办法。与过去的修会一样，它要求每一个会士要发出家人的三愿，就是神贫（弃绝私产及一切"世福"），贞洁（弃绝家庭），听命（弃绝个人的意志，完全服从院长或会长的命令）。但除最高一级以外，会士仍可在一定的条件下保留一部私产，因为他们是随时可以被革除的。会士都要接受高度的知识训练，不仅包括神道学，也包括一切"世俗"的学问。因为他们要入世活动，所以必须掌握一切"世俗"的工具。会士经常的都被派作传教士或学校教师的工作，一方面是工作，一方面也是在被考验，考验的结果决定一人能否升级或需否开除。经过与通过长期的与多级的考验之后，极少数的会士可以升入最高的等级，就是所谓"四愿"会士，此时他们要重发三愿，并且要发第四特别愿，就是"绝对服从教皇"，可由教皇直接指令到世界任何角落去工作。在理论上，任何的信徒都要服从教皇，但"四愿"会士对教皇的服从是一种直接的、亲切的、绝对的人与人之间的关系。"四愿"会士不得再有私产，也不能再被开除，只有在极端严重的情势下，教皇与会长两人可以合同考虑一个"四愿"会士的去留问题。会长与"四愿"会士组成耶稣会的秘密的或半秘密的核心机构，机构的活动一般的是不露声色，但影响却是遍及全世的。

耶稣会的会长称"主将"，这是当初"军团"组织留于后世的最重要的痕迹。主将由会士选举，第一任主将就是依纳爵自己，于教皇批准立案的次年（一五四一年）由创办会士全体通过选出。一经选出后，会长就是绝对独裁的主将，操持所有会士的命运，除"四愿"会士要同时直接接受教皇的批示外，每个会士的职务与地位都由会长决定。会长常川驻在罗马，但与散布全世界每一个会士都经常通信，每个会士都对他直接负责。会长"只对上帝负责"，他无需尊重任何会士的意见，甚至也无需尊重全体会士的公意。会士对于会长则须绝对服从，非只表面上或口头上服从，内心意志也须服从，心中如对会长有任何一点不满的想法，就是"犯罪"。耶稣会士的特殊训练，也使他们一般的能够服从到这种程度。

耶稣会的特征

参酌以上的解释，我们可把耶稣会的特征归纳为三点。一、对外它有秘密社会性，会长与"四愿"会士对内本已成为一个半秘密性的核心机构，整个的组织对外又是半秘密性的。修士都穿特殊的服装，但耶稣会士因工作的需要可以穿便服或改装。十

六、十七世纪间欧洲有些新教国禁止罗马教修士或教士活动，大批的耶稣会士往往便装潜入这些国家里，与少数残存的教徒联系，有时甚至暗作传教的工作。明末清初来中国的耶稣会传教士，多改穿儒服，以迎合中国士大夫的心理。

二、对内耶稣会有秘密侦查制，每一会士都有另一会士奉命侦察他的言行举动与工作情况。侦查的结果，要经常的向会长报告，一切报告必须是书面的，口头的报告无效。每个会士都知道有人在时时刻刻监视他，同时他往往也受命时时刻刻监视另外一个人，但除会长一人无所不知外，任何人也不知道谁在监视谁！这个制度是维持核心机构对全体会士专制独裁的主要武器。除报告侦查结果外，每个会士又经常的向会长报告自己工作地方的一般情况，在近代通讯社发达以前，孤处罗马的耶稣会会长是全世界消息最灵通的一个人，直到今日，他的消息的灵通的程度，不见得亚于任何一个通讯社。耶稣会的核心机构，等于罗马教的参谋本部与谍报本部，耶稣会会长的案卷处，恐怕是全部近代史上最完备与最可怕的一个世界情报总汇站。此种情况，造成罗马教内部对于这位会长一种莫名其妙的神秘感，因此给他起了"黑衣教皇"的一个绰号，因为修士的服装都是黑色。他与正规的教皇是罗马教世界的两大要人，一暗一明。有人甚至说，暗的教皇的权力尚在明的教皇之上。这未免有些夸张，但说他是教会两大要人之一，却不能算是过火的。

三、耶稣会对于会士经常考验与时常清洗的制度，也是任何其他修会所没有的。耶稣会重质而不重量，重成效而不重外观，开除会籍是常见的事，在以宗教为名的斗争特别剧烈的十六、十七两世纪，除籍的例尤其众多。这样就长期保持了耶稣会内部的健全与积极性，使它完成了历史上可以发生而不是必须发生的一件大事，就是把本质上属于封建时代的一个大一统教会，维持到仅保有封建残余基础而根本上已进入资本主义时代的近代欧洲。

以上所论，为耶稣会的产生经过及根本性质，关于耶稣会在历史上的实际工作，当另文介绍，有关的参考书届时一并列举。

（原载《大公报》1951 年 8 月 17 日）

耶稣会的别动队活动

耶稣会的反时代工作，把基本上属于封建社会的一个教廷与大一统教会拖入近代社会的一项工作，可分两方面来讲。一、正式成立后不久，耶稣会就公开地与秘密地为开一次宗教大会奔走，最后一个由耶稣会暗中把持之下的大会就建立了近代教廷与教会的基础。二、除了十六世纪中期的这件大事外，耶稣会此后又经常地、无孔不入地在欧洲与全世界为教廷做各种各式的活动，使教廷的地位逐渐稳定，并且尽量利用一切可能被利用的落后条件使教廷的地位在个别的地方或个别的时期能够发扬与提高。

特利腾公议会

无论按过去的习惯，或按当时的历史，宗教大会都是解决宗教改革问题的当然场合与唯一场合。但由于内部的腐化与外来的打击，教廷已呈显半死的状态，以致拖了二十多年，宗教大会也未开成。耶稣会的成立，为教廷打了一剂强心针，又酝酿了五年，于一五四五年正式召开宗教大会，地点在德国与意大利之间的特利腾城(古名 Tridentum)。教廷本来希望新教徒也派代表到会，使分裂的教会再度归一，但新教徒拒绝赴会。大会到一五六三年才正式结束，在耶稣会的操持之下，共作了四大类的决议。

第一类决议，是关于信条的。罗马教会在过去并无明文规定的信条，信仰的内容随着时代而发展变化，现在大会把封建时代头绪纷繁的信仰条目加以整理与系统化，定出一成不变的明文信条。新教各派也有明文信条，但新教基本上是属于新的时代的，随着新时代的要求，由于资产阶级内部的矛盾、对立与分化，新教极富于流动性，内部不断的在互争与分化。罗马教则大不相同，它在基本上的的确确是自此就一成不变，任何新的潮流它也不再接受，只有在万不得已时敷衍应付而已。近四百年罗马教如有改变的话，只是有开倒车的改变：每当历史前进一步时，它必进一步强调或发挥最落后的思想与信仰，表示它与近代文明绝不妥协。所以就资本主义社会的范畴而论，新教的落后是相对的，旧教的落后是绝对的。这种绝对落后的精神就是耶稣会的精神。

第二类决议是属于内部改良条款的。教士地位（所谓"神职"）的买卖，教士的兼差，教士对于教民的各种过度无耻的经济剥削……诸如此类的事，使教会丧尽了人心。现在这些都被禁止，以便使一般比较落后的人仍继续安心于教会的统治。在历史上，改良主义往往是统治阶级手中最有效的武器，在历史上，耶稣会恐怕也是改良主义"成功"的一个典型的与最可怕的例证。

第三类决议，主要的只有一条，就是决定编辑禁书与抽禁书目。一五五九年，大会尚未闭幕时，教会已经编出第一个禁书书目。会后，一五七一年，教廷机构中正式添设了一个禁书部，专门查禁欧洲以及全世界一切不合乎罗马教教义的出版品，公布禁止阅读。几百年来，一直到今天，凡是稍有进步意义的比较重要的著作，属于自然科学方面的也好，属于社会科学方面的也好，几乎没有例外的都曾经一时、长期或永久被列入这个书目。社会主义阶段不必说，专就十六至十九世纪的资本主义时代而论，在无聊的出版品特别多的这三四百年，我们若要找一个既完备而又纯粹的有历史价值作品的总书目，最方便的办法恐怕是把教廷的禁书书目一项不漏的照抄一遍。教廷的目的，也就是耶稣会的目的，是把信徒的头脑严密的封锁，不容他们接触任何新的事物，使他们在精神上仍然生活在中世纪的封建社会。这种企图虽不可能完全成功，但三四百年来它所获得的部分成功已够使人认识有组织的落后势力是如何的可怕了。

第四类决议也只有一条，就是恢复宗教裁判部（Inquisito）。这是中古时代教会的一个特别刑庭，专门审理所谓"异端者"，就是自有思想而不肯接受教会全部信仰的人。这个特刑庭，对"犯者"轻则处以徒刑，重则处以死刑，死刑的方式是火焚。到中古末期，在文艺复兴新潮流的影响之下，这个惨无人道的特刑庭本已无形趋于消灭。在耶稣会的鼓动之下，现在又恢复了这个中世纪最黑暗的制度。一六三三年强迫历史上第一流的物理学家与天文学家伽利略（Galileo）声明否认太阳系说并把他囚禁起来的，就是教廷的这个"圣部"。这个令人难以置信的机构，一直维持到十九世纪。

以上是耶稣会主持下特利腾宗教大会的决议案及各决议案所引起的后果，下面再谈一谈耶稣会的经常工作。十六、十七世纪间，耶稣会士的活动无孔不入，我们现在只集中讨论两点，就是耶稣会士的教育策略与"告解"策略。

耶稣会之垄断教育

耶稣会很早的认识到教育的重要性，决定变教育为达到宗教目的的主要手段之一。罗马城中设有耶稣会的师资训练学校，这个学校出来的人到各国去活动，企图包办教育。在旧教国或一国之内的旧教区，到十六世纪末，几乎只有耶稣会的学校，其他的学校本来不多，有的学校因无力与耶稣会的学校竞争而停滞或消灭。耶稣会有由小学到大学一整套的教育体系，并且在表面上办理的相当认真，短视的父母往往不经深思而把子弟送入耶稣会的学校，本来信新教或根本不信教的父母时常发现他们的子弟已因受了耶稣会的教育而成为狂热的罗马教徒，因而引起家庭纠纷与家庭惨剧。耶稣会的学校一般的是为世家与富家的子弟而设，不甚欢迎平民的子弟入学。这一方面是由于耶稣会的封建本性，一方面是因为耶稣会士要利用富贵之家去影响与操持整个社会。在耶稣会的影响之下，整个的罗马教渐渐认识了教育的作用，渐渐有了抓教育权的政策。今日罗马教到处广设学校，作为传教与吸收青年的一个主要手段，这些学校无不反对当地政府的管理与监查，它们是想要完全不受约束的。进入十九世纪后，这是各国时常与罗马教会发生冲突的一个根本原因。

"告解"职务与政治阴谋

在吸收青年的教育工作以外，耶稣会特别感到兴趣的一种任务就是"听告"。罗马教所谓"七圣事"中，有一种为"告解"，就是信徒把言行思想的一切要按时向神父忏悔告罪，神父一方面用神的名义为信徒"解"罪，一方面又对补偿及善后的办法加以指导。这是神父对信徒个人生活最入微的一种控制的办法。有身份的人，特别像王公大臣一类的人，普通是特别认定一位神父为他的"听告神师"（Cònfessor），这位"神师"当然就知道了这位"大人"的一切隐私，成了他的心腹知己与私人顾问，任何的事都可同他商量。耶稣会士看准这一点，专门钻营去作大人物的听告神师，为得容易成功，他们在"解"罪时特别从宽，不似一般神师对于一般信徒那样咬文嚼字地留难。这对个人生活大多不可告人的王公贵妇是一种不可抗拒的诱惑，十六七世纪间宫廷官邸中的"听告神师"职位几乎为耶稣会士所包办，他们借此影响政治，帝王或大诸侯的"神师"往往权比首相，甚或超过首相。在十六七世纪间耶稣会士完成他们的"护教"任务，相当重要的一部分是靠这种假借"听告"而影响政治的方法的。

耶稣会士这一类的作风，很早就引起外人的反感，并且所谓"外人"远不限于"外教"的人，连罗马教内部比较老实的人也对他们不无怀疑。所以早在一五五二年，法国就有人造出 Jesuite 一字来称耶稣会士，这个字是含有恶意的，就是一个"做事奸滑说话诡辩"的人。这个字很快的就进入所有欧洲文字的字典中，渐渐取得双关的意义：一方面成了"会士"的非正式名称，除会中人以外，今日一般人都称"耶稣会士"为 Jesuite；另一方面这个字又可不必把第一个字母大写，成为"奸滑者"的代名词。这个字在法文中又进一步演化，变出一个抽象词 Jesuitisme。这个抽象词也是意义双关：或指耶稣会的一切办法，或径指"诡术"。这个抽象词也进入所有的欧洲文字中，用法也都与法文完全一样。形容词式的 Jesuitique，也是传遍全欧，也是当然的意义双关。

外人对于耶稣会的这种"恶名相加"，是否诬蔑呢？这个问题很难干脆地回答；若详细回答，非写一本大书不可。我们现在只简单列举欧洲近代史上几件无可置疑的大事为例，作为对此的解释。十六七世纪间，耶稣会士对于改信新教的英国不断地发动阴谋，包括刺杀英王的阴谋在内；一六〇五年，在耶稣会士的鼓动下，有人在英国国会的地窨中埋藏炸药，准备在国会开会时一举"解决"英国的政府。十七世纪初期的三十年战争，是德国旧教势力对已改信新教的波希米亚(今捷克)所发动的战争，对于这个战争的爆发，耶稣会士要负很大的鼓动责任。十七世纪末，耶稣会士依赖作法王路易第十四的"听告神师"的地位，最后竟使路易对法国的新教徒发动了极为残暴的迫害，使这些人大批流亡国外。一六四〇年，耶稣会与西班牙政府发生冲突，会士于是为当时受西班牙统治的葡萄牙大事活动，推翻了西班牙的统治，此后一百多年的时间，耶稣会就半公开地操纵葡萄牙的政府。进入十八世纪以后，不只新教国家，连罗马教国家也对耶稣会感到头痛，纷纷驱逐会士出境，并要求教皇解散耶稣会。在这种压迫之下，教皇于一七七三年正式下令把耶稣会解散。但解散自解散，会士仍然暗中活动，并极力谋求恢复，到一八一四年竟然奔走成功，教皇又下令准许耶稣会复活。恢复之后，作风仍旧。一八三〇年，有如二百年前的葡萄牙事件，耶稣会士协助在荷兰统治下的比利时取得独立，自此耶稣会就控制比利时的整个教会，间接地影响比利时的政治。在第二次大战后西欧各罗马教国的罗马教政党中，比利时的政党是最反动的，对于一九五〇年使第二次大战时期投降纳粹的反动比王复辟，使比利时共产党领袖拉欧（Julien Iahaut）被刺死的，都是比利时的这个反动政党。今日世界上反共反苏反进步的最大的有组织的势力，除美帝外，就是教廷，而耶稣会由成立到如今都是教廷最顽固的别动队。

（原载《大公报》1951 年 8 月 24 日）

二十世纪的罗马教廷与帝国主义

教廷与法西斯之联盟

一九一七年的十月革命，是全部人类历史上最大的转折点。这个真理，罗马教廷也完全承认，不过它是从反面看问题的。教廷认为社会主义革命后的苏联是它的敌人，它认为它自己已在面对一个前所未有的危机。恰巧这也正是没落的资本主义与帝国主义的看法。在过去，世间最大封建残余的教廷与资本主义虽已由相抗而趋于合作，但两者间总有距离，十月革命之后它们才第一次"神通气合"。它们不约而同地认为，现在已经没有其他的问题了，任何其他的问题都已无关重要，都已不成问题，唯一的问题就是如何反苏反共，如何压制全世界都要翻身的人民。就是在这种情形下，各国的资本主义对内开始发展到最恶劣的状态，就是法西斯主义，这等于是把过去毫无忌惮地对付殖民地的方式拿过来对付过去惯受麻痹与间或受到小恩小惠的国内人民。压迫意识与剥削意识一向浓厚的教廷，对此表示非常欢迎，在宗教改革四百年以来资本主义社会的种种发展中，这恐怕是最使教廷感到满意的一种发展；尽管在一开始时两者间可能有小的磨擦，但在基本上最大封建残余的教廷与末路资本主义的法西斯是意气相投的，在彻底反人民一点上两者是完全一致的。所以法西斯始祖的莫索里尼登台几年之后，六十年悬而未决的"罗马问题"就顺利地得到解决，教廷表示不再反对统一的意大利王国，承认意大利王国对于教皇国领土的合并。这证明，对于旧民主主义下的意大利王国（不管那种民主主义要打多少折扣），教廷不能合作；但现在是法西斯的意大利了，再不合作，尚待何时？所谓"罗马问题"解决的当年（一九二九），教皇比约第十一就为法西斯"祝福"说："莫索里尼是天降的英杰，一个不为自由主义的政治成见所困扰的人。"自此教廷就忠心耿耿地承当法西斯政府一切罪恶的"神命"辩护人的角色，连莫索里尼侵灭阿比西尼亚的罪行，教皇都公开称誉为有助于"欧洲及世界和平"的行动。

对于希特勒，教廷也同样地欢迎。希特勒在德国得势后三年（一九三六），德国的罗马教主教们就奉教皇的指示，共同发言为希魔"祝福"："我们的领袖希特勒，靠上帝的帮助，必能完成他的最艰苦的任务。"当时德国的基督教新教教士中尚有一部分比较忠于人民的人，不畏强暴，公开地反对纳粹，而罗马教已经心悦诚服地倒入纳粹怀中。对于近代欧洲典型落后国家西班牙的典型反动人物佛朗哥，教廷的赞许更是不问可知的了！一九四五年教皇比约第十二（就是今日仍然在位的教皇）说："佛朗哥是圣座的宠子与最亲爱的国家元首。"①佛朗哥曾把西班牙短期民主政权所还与人民的一部土地财产用暴力夺取，又拨归各地的教堂与修院，这就当然使他得有教廷"宠子"的资格了！

但经济的利益，直接的经济利益，虽然重要，还不是教廷拥护法西斯的唯一原因，同样重要的，更为重要的，还有保障经济利益的政治利益，那就是一切法西斯都是反苏反共的。教廷最可鄙的表演，都是以反苏反共为出发点的；这由它在第二次大战

---

① 三段引话，均见 Foster, William Z., *Outline Political History of the Americas*（New York, 1951）, p.413。

期间与各法西斯国家的狼狈为奸，最可清楚看出。作为欧洲第二次大战序幕的纳粹灭亡捷克斯洛伐克的事变发生于一九三九年三月，进入四月教廷就承认了纳粹傀儡国"斯洛伐克"的独立，当时主持这个"国家"的是纳粹走狗及教廷特务的一个大教士提索（Mgr.Josef Tiso）。一九四〇年七月，当法奸贝当的傀儡政府方才成立三周之后，教皇比约第十二就命令法国的教徒要全力"协助国家的复兴"。贝当治下"国家复兴"的一个方面，就是废除第三共和国一切不利于罗马教会的法令。一九四二年三月，当第二次大战期间日本正在最盛时，教廷第一次接待了日本大使原田健。在第二次大战的前半期，利令智昏的教廷一心相信法西斯集团一定胜利，所以就一贯地走法西斯路线。以上这一系列的史实，在当时世界的报纸上是都曾大书特书的，今日梵蒂冈教廷与它在世界各地的代理人都在极力为这些丑事隐讳，但实际是只有欲盖弥彰。并且现在教廷已又在与日深一日走向法西斯死路的美国帝国主义作同类的勾结了。

教廷在今日欧洲的反动罪行

第二次大战期间与大战之后的今日，教廷的罪恶活动是一线相传的。在中国的沦陷区，天主教教会由"宗座代表"引向与日寇特务机构密切勾结。同时教廷代理人在欧洲与纳粹合作的程度，只有超过中国沦陷区的情形。在所有被纳粹侵略军占领的罗马教国家，如捷克斯洛伐克或匈牙利，以及非罗马教的地区，如苏联的一部领土，无论教廷的正式代理人，如"宗座代表"或"教廷公使"之类，或各国的总主教与重要主教之类，或教廷的暗藏代表，就是在各种掩护色之下活动的特务分子，无不与纳粹占领军,纳粹侵略军,及纳粹特务机构"亲如家人",密切合作,交换情报,不仅是公开地倡导"倒苏灭共",并且在各占领国与占领区,依靠纳粹的暴力,大量地与最无耻地强占土地与剥削人民。经过土地改革运动中的了解情况,我们新中国的人都知道地主如何压迫农民与剥削农民;在纳粹占领时期,东欧罗马教地区的教会狐假虎威,无不把平日已够惨酷的压迫剥削更为加深,其程度往往远在我们于土地改革中所遇到的地主之上,因为东欧的教会一般地都已作到地主、君主、教主三位一体的地步。等到纳粹败退,苏联的解放大军急速西进时,以及在东欧各国解放之后,这些反苏反共吸血而肥的"神权"代表如何疯狂地阴谋破坏,也是不言而喻了。匈牙利唯一的一位枢机主教,又是匈牙利全国教会的首席主席(Primatis),于一九四八年年底因间谍案与破坏国家经济案被捕,到一九四九年二月因证据确凿,无法抵赖,这位枢机主教也只有俯首认罪,被法庭判处无期徒刑。今年,一九五一年年初,捷克斯洛伐克发生了同样的案件。三位主教反苏反共反人民的罪行,远溯到第一次大战之后,捷克解放后他们仍不死心,在教廷与美帝的双轨指导下进行背叛国家的反动阴谋,除了作间谍与继续剥削农民外,土改中地主所做的丑事,这些以每日向人说教为业的主教也无一件没有做出:隐瞒土地,转移财产,伪造证件,一切大盗与小偷的鬼祟勾当,都被他们玩尽了。"人民的眼睛是雪亮的",不仅中国,全世界无不如此,无论成见如何深的人都不能不接受的证据,使三位主教也只有在人民面前低头,甘受罪刑。[1]

---

[1] *The Trial of the Treasonable Slovak Bishops* Praque, Orbis,1951).

今日教廷之投靠美帝

反动的教廷，在与它自己的切身利益有关的问题上，一向是算盘很清楚的。它深知无论是佛朗哥或西欧任何罗马教国的反动统治者，今日在日渐壮大的人民威势前，已都无能为力，它看出唯一尚可对它有一时的实际帮助的，就是今日仅存的有实力可言的帝国主义国家——美国，所以教廷虽然绝不会放过世界任何地方的任何机会，但它最大的功夫是用在美帝身上。今日的美帝是第二次大战前纳粹与法西斯的新的化身，是反苏反共阵营中唯一尚谈得到实力的国家，教廷自然要像当初拥护德意两国反动势力那样地大捧美帝。两者狼狈为奸的情形，今日虽尚未全部暴露，但有些表面现象的意义已经是非常清楚的了。我们现在只举一事为例，就是枢机主教名额新的分配情况。

按制度，握有选举教皇大权，平时等于教廷的国务院的枢机主教院，以七十名为满额，但照例总有缺额。我们可以最后有详细资料的一九四九年夏为标准，看看此时的名额如何分配于世界各国。当时全院共五十五人，其分配如下：

国别	人数
意大利	二一
法兰西	五
美利坚	四
德意志	三
西班牙	二
葡萄牙	二
阿根廷	二

巴西　　　　　　二

加拿大　　　　　一

智利　　　　　　一

秘鲁　　　　　　一

古巴　　　　　　一

其他十国　　　各一①

最后一项，各占一位的十国，与我们现在所要研究的问题无关，从略；其中唯一值得我们附带注意的，就是中国也占一位，即一九四六年被任命的田耕莘，新中国成立前他本驻北京，今日据闻他已到了香港。对于与本题直接或间接有关的十二个国家，我们可分别解释。意大利与法国的重要地位，完全是由于过去历史的关系。在中古时代，教皇于某种程度上可说是全欧性的一个职位，任何人都可当选，并不限于意大利人。虽然因地理实际情形的关系，意大利人当选的较多，但欧洲其他各国的人也确是常有升任教皇的。但进入十六世纪后，情形大变，在资本主义开始抬头的局面下，民族主义的国家出现，教廷虽仍强调它的超国家性，但实际它无法不在相当重要的程度内成为一个意大利的机构。最后一个外国教皇是一五二二年当选的，次年即死，由一五二三年到现在，四百三十年的工夫，所有的教皇没有例外地都是意大利人。新中国成立后中国天主教中的帝国主义分子欺骗中国教徒的一种说法，说教皇是由任何国家天主教徒中都能产生出来的，那完全是鬼话。为保障教皇一定是意大利人，近代历史上历任教皇委任枢机主教时，即或意大利籍的人不达半数，最少也总超过三分之一，而教皇的选举是要三分之二以上通过的，事

———————————

① *World Almanac*　New York, 1950）p.692.

实上绝无一个非意大利人出任教皇的可能。

法国的情形与意大利不同。自十七世纪中期以后，法国是欧洲大陆的第一强国，也是教廷的最大靠山，所以在意大利以外，法国的枢机主教名额一向是最多的。今日法国虽已没落，但昨日历史的关系，一时尚不能全部否定，因而法国在枢机主教院中仍占第二位，但实际上已不发生作用。

在讨论美国以前，我们先把意法以外其他三个欧洲国家问题处理清楚。德国就全国范围而论，并非罗马教国家，只是南德的人多数信罗马教。但自十九世纪后期德国统一强大后，教廷对它非常重视，所以今日它在枢机主教院中仍占三个名额。西班牙与葡萄牙在欧洲是最落后的罗马教国家，然而正是这落后性是最为教廷与教会所欢迎的，教会在这两国特别得胜，政治压迫与经济剥削，都可畅所欲为。所以两国在国际政治上虽无地位，在枢机主教的分配上却仍受到特别的照顾。

美国取得四个枢机主教的名额，在全院中占第三位，把意大利法兰西两个特殊国家除外，等于占第一位，那是历史上空前的现象，是第二次大战结束后的次年（一九四六年）才发生的现象。美国自立国以来，一向以"耶稣教国家"自豪，一般人民在情绪上，统治人物最少在口头上，总是反罗马教的。罗马教的人数虽逐渐增加，在今日也不过占全国人口的六分之一强，进入二十世纪后，美国偶得一个枢机名额，那也不过是教廷敷衍的手法而已。然而时至今日，情形已经大变，美国的四个名额中，三个都是一九四六年填补的，完全是第二次大战后的新发展。并且可注意的事远不只此。美国以外的六个新大陆国家（阿根廷、巴西、加拿大、智利、秘鲁、古巴）共占八个名额，其中七个都是一九四六年填补的。在一九四六年以前，整个的新大陆，包括美国在内，只有三个枢机主教，与今日的情况无法比拟。二次大战后的今日，加拿大已等于美国的一部，拉丁美洲也完全是美国的外府，新大陆的十二个名额都等于是美国的名额。（一九四六年调整时新大陆原有枢机主教十三人，其中一人不久死去）按教廷的本意，它未尝不想把十二个或十三个名额都给美国，但对于一个基本上非罗马教国的国家若如此优待，在面子上未免太觉难堪，所以它才想出这种使一向不被重视的拉丁美洲国家受宠若惊的巧妙方法，给了美国一个实质上如此大的额数。把意大利除外，外籍的枢机主教只有三十四人，而美国就控制其中的十二人，即百分之三十五以上，这真可谓是美国的"殊荣"了！第二次大战后世界各地人民高度上升的力量，特别是近在咫尺的欧洲人民的上升力量，使历史残余的教廷恐怖万分，环视全欧，已经没有一个可靠的"护教者"，最后只有不顾一切，在大战结束的次年，就以调整枢机主教院的方式向"耶稣教国"的美帝表示投靠，呼吁救命了。为蒙蔽世人的视听，冲淡世人的印象，它同时又在新大陆以外搜罗了一批"陪榜"的人，所以连宗教殖民地的中国教会竟也得列上一个田耕莘！

美帝之倚重教廷

但教廷美帝之间的关系，倒不完全是教廷方面的单相思，美国对于教廷也是深为看重的。美帝重视教廷的理由，简单一句话，就是钦佩它的阴谋传统与间谍本领。我们可引一九五〇年春美国一个著名杂志中的一段消息，作为对此问题的真实说明：

　　"最近杜鲁门总统就要派遣一个新的驻梵蒂冈的总统私人代表……

"在宣布派遣新代表时，杜鲁门要向国会致送一件特别咨文，说明他为何要继续维持这个代表团，并且要强调一个事实，那就是说，美国须在罗马设立一个'听音站'(Listening Post)的需要，今日与过去同样迫切，甚至较过去任何时期都为迫切。

"无论根据宗教原因杜鲁门对派遣驻梵蒂冈代表一事曾有何种顾虑，这些顾虑已都因国务院坚持此代表团为世界范围的情报搜集所必需的说法而被扫除……"①

这段消息的意义清楚至极。美帝自然不会嫌帮闲或帮凶太多，但对一般的反动工作，它自己大概都认为颇有把握，不一定非拉人入伙不可，美帝唯一对教廷要自叹弗如的，就是历史悠久传统坚实的阴谋策略与间谍技术及其无孔不入的行动便利。在罗马教国或罗马教区，处处都是中古封建领主化身的高级教士与修士，在非罗马教地带，也几乎处处都有各形各类的宗仰教廷的传教士。这些人有计划地或无所谓地，经常地或直接地、间接地，都有情报送到梵蒂冈。美帝雄心再大，它的雄心在此点上也无法尽量施展，除非与教廷密切勾结，向教廷甘拜下风，它自己是无法建立一个真正笼罩全世界的情报网的。所以它在教廷情报网的中心，梵蒂冈宫，必须有一个"听音站"，充任"站员"的就是所谓总统私人代表。第二次欧洲大战爆发后的当年（一九三九）十二月，美国总统就派了一个私人代表到梵蒂冈。这在当时，为的是便于听取与战事有关的军事外交消息。大战结束后，一向反罗马教的一般美国人民与他们在国会中一部比较进步的代

---

① 见美国半月刊 *The Pathfinder* Chicago,March 22,1950）。

表，都反对再继续维持这个代表团。杜鲁门一时也曾犹豫不定，但金融资本、军阀与官僚势力重心所在的国务院，坚持非维持这个代表团不可。国务院是花旗牌的帝国主义，即世界主义的执行机关，为推行世界主义所必需的情报，它认为只有借重教廷方能取得。一九五〇年国庆日炮击天安门的武装暴动阴谋，参加的一伙中就有身膺主教头衔的"罗马教廷驻华公使"的"北京代表"，全部计划事先都曾送给驻东京的美国占领军总部，我们也可相信，总部也必曾把消息转到华盛顿。美帝与教廷特务工作的打通，在这个罪大恶极的案件中暴露无遗了。这绝不是偶然的或例外的，今日在世界各地，教廷与美帝无不形影不离地同干反人民的破坏勾当，梵蒂冈与华盛顿已成了反人民事业的两个声气相通的大本营。

耶稣会的乔治顿大学——美帝所依赖的阴谋人员训练所

美帝借重教廷，并不完全依靠在远隔大洋的梵蒂冈宫所设的"听音站"；美帝重视教廷，也不自今日始。近在咫尺，等于在白宫的隔壁，还有一个与"听音站"同等重要或更为重要的机构，是联系教廷与美帝的一个庞大阴谋机关，就是普通不为人所注意的一所大学；远在第一次大战之后，十月革命后的三年，这所大学就开始成为国务院的一个非正式的部门。局外的人，包括一般美国人民在内，很少知道国务院人员相当大的一部为罗马教徒的一个严重事实，而且这一部分罗马教徒都是教廷死党的耶稣会士所训练出来的阴谋专家。美国首都华盛顿城的郊区，有一区称为乔治顿（Georgetown），一七八九年，美国向英国争得独立后的六年，现行美国宪法正式公布施行的那一年，美国的罗马教徒在此地创办了一所学校，以地为名，称为乔治顿大学。一八〇五年，这所学校就移归耶稣会办理，至今它仍是由耶稣会所控制的一个学府。百余年来，美国罗马教的许多高级知识分子，都是由这个学校出身的。进入二十世纪后，它与已经发展为独占资本的华尔街互相拉拢：例如一九二〇年，它就曾由"金融大王"摩尔根获得了三万金元（美元，编者注）的捐款。也就在同一年，这所大学中添设了一个外事专修科（Foreign Service School）。一成立之后，这个专修科就与美国国务院间有了默契，国务院的正门与旁门都为专修科出身的人大敞大开：正路如驻外大使公使领事及各级随员的职位，旁路如国务院列名而其名向来不见于报纸的各种背后决策的事务官职位，都大批地由这个一向以阴谋著称的耶稣会士指导及耶稣会士训练的罗马教学校的毕业生来充任。这所大学的外事专修科极为发达，根据一九三〇年的数字，在全校二千六百九十五名注册的学生中，外事专修科的学生就有四百二十五人，约占全校名额的百分之十六。数额如此之大，虽不可能全部毕业生每年都涌入国务院，但在普遍世界的美国正式的与秘密的外交人员与情报人员中，此校出身的人确实占有特别重要的地位。美国并非罗马教国家，罗马教徒只占全国人口的六分之一强；但由国务院的面貌看来，美国已俨然是一个准罗马教国家。在美国联邦政府的全部机构中，最保守最反动的机构就是国务院，它一向有"富翁俱乐部"的绰号，只有富家子或资本家的重要代理人才有入院当差的希望。近三十年来，在这种资本主义特质之上，又加上了最反动的耶稣会的封建主义特质。这是研究走向法西斯绝路的今日美国时所必须注意的一种情况。美国的法西斯化，也就是美国的梵蒂冈化，不仅是在本质上已日趋显著，在作风上也一天比一天清楚。我们可以确信，耶稣会几百年来的诡术真传，以及罗马教廷一千五百年的权术传统，都必在乔治顿大学的外事专修科中尽量传授。接受此种传授的人大批进入国务院后，即或是在极其表面的作风上也必会发生影响。凡稍微注意美国外交的人，都可感觉得到，近些年来，尤其是第二次大战以来，其无耻与无聊的作风日愈显露。今年七月朝鲜停战谈判开始以来，美国的一伙谈判人员所表现的自不知丑与史无前例的歪狡与无赖，绝非偶然的事，这是"学有所本"的一套老牌作风，是被走入末路的最后一个帝国主义国家由今日世间最后一个组织顽强的封建堡垒全套搬来使用的。①

教廷新的反动措施

美帝虽只把教廷看作特务活动与外交阴谋的伙伴，教廷自己却是不甘寂寞的，它绝不以专供情报或训练阴谋人员为满足。第二次大战结束后的短短六年之中，教廷已又有过不少次的"精彩"表演，主要的有三次。一九四九年七月十三日，梵蒂冈公布了所谓开除一切共产党员的教籍的命令。这道命令，是在匈牙利枢机主教间谍案几个月之后发布的，阴谋破坏失败，教廷就又拿出公开的宗教武器来。此令的对象可分两类：一为大部人口信罗马教而共产党或真正人民的政党占优势的国家，如匈牙利、捷克斯洛伐克、波兰等国；二为有相当强大的共产党的罗马教国家，如法国、意大利等。此令的实施分为三点：（一）积极及坚持追随共产主义思想主张的人，自然开除教籍；（二）仅于原则上而非于实

---

① 关于乔治顿大学，见 *The New International Encyclopedia, Supplement, Vol.1 New York, 1930*）。

践中接受共产主义学说的人，可予以忏悔的机会，得重返教会；（三）阅读共产主义文献或接受共产主义信仰的人，不得参加"圣典"，但不致正式开除教籍。

这一道命令，与其说可恨，不如说可笑。时代向前进了多少，教廷似乎完全不知道，它以为它的"神圣武器"仍像中古时代那样有效。这种大规模的开除教籍事件，中古时代是教廷屡次拿出的办法，在当时也尚能相当地收效。十六世纪以下，此种办法早已搁置不用，今日教廷真是已经急不暇择，竟然又施展出这一套法宝来，结果是一败涂地。真正的共产党员，当然是不理这一套的。一般非党员的善良人民，就东欧新民主国家而论，他们对于人民政权的实质，认识得太清楚了，世上已没有任何力量能叫他们再否定这种新的政权；反之，他们对于纳粹占领时期教会的"表演"也认识得太清楚了，世上也没有任何力量能叫他们对这样的一个教会再像过去那样紧紧追随。因历史与习惯的关系，他们或者还不能立即完全否定他们的宗教传统，但若非在人民政权与罗马教会二者间选择不可，他们是必定选择人民政权的。所以东欧新民主国家的人民，绝大多数不理教廷的命令，人民的政权对于教廷的挑衅也马上予以还击。两天之后，七月十五日，捷克政府发表声明，凡遵教廷开除教籍命令的人，一律处以叛国之罪，并宣布即将公布新法，由国家管制教会，总主教以下的一切教士的任命，都须先经国家的同意。多数的中下级教士都接受了自己政府的这个命令，只有少数高级教士仍然继续阴谋破坏，所以到本年（一九五一年）一月，就发生了三个主教被判间谍罪与叛国罪的重大案件。①

---

① 开除教籍令事件，见 *World Almanac*（New York, 1950），第 348 页。

至于在意大利与法国，多数礼拜堂中虽都宣读了教廷的这个反动命令，但也止于宣读而已，此后并没有多少下文。

教廷的第二件显著反动措施，就是宣布一九五〇年为"圣年"。"圣年"本是旧制，每二十五年一次，鼓动全世的教徒到罗马巡礼朝圣，说是可以多得"神宠"，实际这是教廷藉此向信徒大量敛财的一种办法。这种经济作用，我们不必多管，所可注意的，是此次"圣年"中教廷特别强调一点，就是信徒在巡礼中必须要祷告上帝，消灭社会主义。教廷希望通过巡礼的信徒而把反社会主义的思想带到世界的每一个角落。[1]与此可以合观的，是一九五〇年二月二十一日梵蒂冈传出的消息，说教廷准备放弃它一向对其他基督教派别的不妥协政策，宣布为使一切基督徒共同对付共产主义，愿与其他教派协议公同信仰问题。[2]这是一反教廷四百多年根本立场的一种表示，好似是极大的让步。它过去坚决不承认其他教派，始终坚持自己为唯一的"正教"，其他走入歧途的教派随时都可返回"正教"，但"正教"绝不与它们妥协。现在教廷这个新的表示，是一个表面开明而目的反动的措施。它并不是真的要与新教各派妥协，而是要联络一切可能联络的力量，共同对付共产主义，也就是共同对付全世界已经翻身与正在翻身中的人民。

教廷的第三件重大的反动措施，就是发布新的愚民信条。一九五〇年八月十四日梵蒂冈消息，谓教皇即将正式公布新的信条，规定"圣母"不只是灵魂升天，并且也是肉体升天。[3]这乃是

---

[1] *World Almanac*, p694.

[2] *Whitaker's Almanack*（London, 1951），p552.

[3] 同上。

"圣母无染原罪"说的进一步的发挥，代表对人心进一步奴役的企图。这并非宗教信仰问题，而为教廷策略问题，须稍加解释。在有剥削的社会，大多数人的生活本是多灾多难的，除终生艰苦劳作而难得温饱的经常痛苦外，又随时有"闭门家中坐，祸从天上来"的可能。在多数人的感觉中，幼时慈母的爱抚，是唯一毫无折扣的与完全可靠的人生温暖。统治阶级抓住了此点，为使人民忘记或忽视苦难的真正源泉，就制造出以女性慈悲及母性厚爱为中心的宗教信仰，来满足由统治阶级剥夺了全部人生乐趣的人民的内心要求，叫他们在这种精神迷醉的心情下可以忘记实际生活中的不平与痛苦。在旧的中国，"观音大士""救苦救难观世音菩萨"，就担当了这个醉人的角色。"圣母玛利亚"就是西洋的"观世音菩萨"，自中古以来就是统治阶层所尽量发挥的一个信仰对象，渲染烘托的程度远在中国的观音之上。在解放后的中国，帝国主义分子进行阴谋破坏的最大特务组织，是仍以"圣母"为名的"圣母军"。最近的新信条，代表此种渲染的最后一次努力。在未认清世局的人看来，今日的世界的确是痛苦日深，他们并不明了今日为全人类制造恐怖与苦难的，正是教廷后台老板的美帝。教廷也正是不要叫他们偶然会发现美帝为万恶之源的一条真理，所以就把"圣母"的信仰再进一步神秘化，希望世人都俯首皈依于与幼时慈母能够同样给予肉体温暖的"肉体升天"的圣母像前，忘掉一切，忍受一切，好让教廷与美帝随意去摆布世界与奴役人类。这是教廷新信条的最后真谛，这也再显明不过地暴露了教廷的反动本质。教廷是全人类的敌人，尤其是老实教徒的敌人。

结　语

由上面的简单介绍与分析，我们可得两条结论。

第一，今日世界上反进步反人民的组织力量有二，就是封建时代历史残余的教廷与没落中的资本主义和帝国主义总代表的美国，在日愈壮大的人民力量的打击下，这两大恶势力都感到自己面对死亡。美帝所代表的末路资本主义的面临死亡，今日大家已都了解。教廷的性质，普通不为人所注意。教廷与教廷统御的大一统教会，是残存于二十世纪的最大封建统治与封建剥削机构，以全世界而言，它是今日地球上最大的封建地主，对革命的人民力量自然怀有无限的恐惧与敌意。它认为它已面临生死的斗争，它可说是被先天决定了要反共反人民的。同时，教廷又适应资本主义社会，投资甚多，而资本主义今日也同样地是人民革命的对象，所以教廷也非与资本主义最后力量的美帝合伙反动不可。教廷的所谓"天国"，实际是有两套的。一套是为信徒而设，把他们的注意力吸引到"天上"的"来生"，以便使他们少怀疑，少过问教廷与教会的许多"今生"作为。教皇比约第十一在他一九三七年向全世信徒发布的《论无神的共产主义通牒》中，有如下的向贫苦大众说法的一段话：

穷人"应常常保持着神贫的精神，把重视灵鬼的利益放在现世的财产和享受之上。他们要记住，在这世界上，贫穷、痛苦、灾难总是不会根绝的"。①

这一段话真是妙不可言！时至今日，而仍以这种一看即穿的

---

① 《论无神的共产主义通牒》(北京，中华公教教育联合会，1937)。

精神麻醉剂来骗人，令人不禁怀疑梵蒂冈宫中的一批人物究竟是聪明绝顶的人，或是"其愚不可及"的人。大家要注意：教廷就是要人们消极地忍受现世的一切不平与痛苦，一心一意只去追求来世的天堂。此外还有另一套，那是教廷与教会上层机构所真正追求的"天国"，那仍是地上的东西，与"天"无关，就是地上的政治统治与经济福禄，就是他们终日告诫信徒要忘记的那些"现世的财产和享受"，只要全世界都听教廷统御，都任教廷剥削，教会上层机构的地上"天国"就出现了！我们不要天真地相信教廷真已放弃了恢复中古时代君临世界的狂妄想法，真已不想重温中古时代曾经昙花一现的"天堂"梦。它只是无此力，绝非无此心，它对世间任何的政权，都只是按照需要，斟酌情势，或利用，或敷衍，或破坏，除非是一个完全听它号令的附庸政权，它都不从本心上承认与接受它。这句话说得过火吗？好似是把欧洲中古的情势移到今日来加人以罪吗？绝对不然，远的不论，近在一九二六年六月十五日，教皇比约第十一还发过一道所谓"余即位伊始"通牒，其中有如下的名句："圣教会对于任何国之法律宪章，无不通融迁就。"[1]好大口气！弦外之音，是如何地狂妄与傲慢！它对任何政权及其法令在原则上都根本不予承认，只是作不得已地应付而已。这种狂妄态度的出发点，仍是中古时代御世的一套想法，今日它面对死亡，当然谈不到有什么积极的实际御世计划，但只要它存在一天，这个心坎内的想法它是不会放弃的。它今日自己做不到此点时，也仍投靠世上唯一的大反动政权，要帮助这个政权"平定"世界，奴役人类，妄想假藉世界性的"金元

______

[1] 《中华公教进行会全国教区代表大会实录》(北京，中华公教进行会总监督处发行，1936)第三编，第 72 页。

帝国"的实现来部分地实现地上的"教廷大国"。

以上是就政治经济而言，下面再讲意识形态。意识形态当然是与经济政治分不开的，但教廷的一套信仰体系，非常庞大，非常严密，是它实现政治经济控制的一套可怕的思想武器，值得我们特别注视。这一套东西是残存于二十世纪最大最有组织的愚民教理，对内而言，已经是"天衣无缝"的。但因它过度违反时代，过度违反科学，所以经不起革命的打击；任何地方，只要人民胜利，则此庞大体系的精神统治必在该地很快地宣布告终。纯由意识形态来讲，教廷也知道今日是生死关头，所以必定不顾一切与不惜一切地强调愚民信仰，加强愚民信仰。

第二，新中国成立后中国天主教中的帝国主义分子与反动分子所散布的教会"超政治"的说法，完全是一片胡言。本文的介绍如果没有说明其他情形，最少已把一点介绍清楚：罗马教是人类历史上政治性最浓厚的宗教，只要有机可乘，它没有不抓政权的，对于反动政权它没有不拥护的，对于进步政权它没有不反对的。所谓"超政治"云云，并不是我们新中国成立后的中国人民所独自听到的说法，解放后的东欧新民主国家，也同样地有此妙论出现。东欧的教会"神长"以为人尽可欺，以为人民会把他们如何地与纳粹狼狈为奸的情节完全忘掉，在人民政权建立之后，一群"神长"个个都摆出"超政治"的清高身份，并下令禁止下级教士以任何方式参加政治活动。但下级教士也不会忘记，不过几年之前，同一群"神长"会命令他们与纳粹密切合作。中国的情形，与此如出一辙。沦陷时期与日寇勾结唯恐不密，解放战争时期与反动政府合作唯恐不周的教会，今日竟要叫一般信徒相信教会是"超政治"的，任何信徒如果稍加思索，就必可得到如下的一个结论："超政治"的定义就是说，政治反动，政治反人民时，教会就积极热烈地参加政治；政治进步，政治为人民时，教会就立刻清高入云，"不问政治"，"神长"绝口不谈政治，信徒也不准参与政治。但我们不要为虚玄的文字与诡辩的技术所迷惑，所谓"超政治"正是最积极的一种政治活动，那是不得已时的一种消极抵抗，其中的政治性极强，反抗的意味极其浓厚。此种所谓"消极"，完全是表面的，表面不问政治的背后，就是阴谋与暴动，小如"圣母军"的经常煽惑，大如炮击天安门的滔天罪谋，都是"超政治"的并行活动与必然结果。

（原载《进步日报》1951 年 12 月 14 日、21 日）

欧洲人的"教名"及一般取名的问题

有读者问：欧洲人所谓"教名"是什么意思；对欧洲人一般的取名制度的问题也时常有人口头上或书面上提出，现在作一综合性的解答。

我们中国旧日一个人有名又有字，欧洲人只有名而无字。从这一点讲，欧洲人取名的制度比我们简单。但专就"名"来讲，欧洲又较中国为复杂。

在过去欧洲人都信基督教，儿童生后都要到教堂去受洗礼，受洗礼时正式命名。这个名当然是事先由父母或监护人所取定的，不过须要经过洗礼的仪式才算正式的定名。在最简单的情况下，一个人只有此名，连名带姓只有两个字。我们一般所知道的一些西名，无论是出自基督教的《圣经》的，男名如彼得、约翰（拉丁语及多数西欧语音；俄语为"伊凡"）、保罗、约瑟夫、摩西、犹大，女名如玛利亚、伊丽莎白等等；或出于欧洲各族的原始社会时代的，男名如威廉、查理（即"卡尔"）、罗伯特、亨利、路易（法语音；德语及俄语为"路督维克"）、菲德烈、菲迪南，女名如莎罗蒂等等；或宗教史及一般历史上浮出过而成了定型的名称，男名如尼古拉、乔治、巴西路（拉丁语及多数西欧语音；俄语为"瓦西里"），女名如加特林娜等等——这些名称都可作为儿童受洗时的命名。今日欧洲各国，信教的人愈来愈少，许多儿童都不再受洗，但所取的名仍与过去大致相同。因为此名在历史上为受洗时的取名，所以称为"洗名"（Baptismal name）或"教名"（Christian name）；因为这是世传的"姓"以外的每人特命之名，所以又称"命名"（Given name）；因为此名在习惯上是每人全部姓名的第一个名，所以又称"首名"（First name）。这以上是英文中比较复杂的分别称谓。俄文在此方面比较简单，只用很短的一个字，称之为 имя。

但无论是欧洲历史上的一个人物，或今日的一个欧洲人，我们时常会发现他的"姓"前面有两个或两个以上的"名"。这种情形在家族比较大，亲友比较多，或社会关系比较广的家庭中特别容易发现。这是因为儿童出生后，意见太多或关系太杂，取名时不能集中于一字的原故。这又有两种不同的情况。一是意见庞杂，两个或两个以上的"名"都有人坚持，有非接受不可之势，那就爽性来者不拒，儿童就有了两个或两个以上的"名"。另一种情形，不是由于亲友意见庞杂，而是由于父母或监护人要对现在的或已故的一位亲友或名人表示尊敬，把那个人的"姓"或"名"也加予初生的婴儿，有时甚至要对两个或两个以上的人表示敬意，儿童的"名"就相当长了。这最后一种情况，"名"可多到三五个以至上十个，在各国王族及贵族的子弟中尤为常见。遇到以上的情况，最后总要决定哪一个为受洗时所用的"名"；如不受洗，也要决定哪一个为"首名"，这是家人亲友呼唤时一般所习用的"名"。

在"名"为两个或两个以上的时候，"首名"以外的"名"很少被亲友呼用。自写姓名时，习惯很不一致。有人不怕麻烦，一个字母不漏地全部写出。有人除"首名"写出外，其他的名缩写，只写第一字母（有人连"首名"也缩写，那是另一种习惯，与我们目前所谈的问题无关）。也有人更精简，根本不用"首名"以外的名，只写姓和"首名"两字。例如达尔文的全部姓名为"查理·罗伯特·达尔文（Charles Robert Darwin）"。但他不喜欢用他那第二个名，普通连缩写的方法都不采用，只自写"查理·达尔文"。

取名，当初都有所指。我们中国自古如此，至今未变，儿童出生后，总是选定一个或两个有所取义的字为名。在西方及欧洲，最初也是如此。例如"约瑟夫"原意为"不断长进"，"查理"或"卡尔"原意为"雄健"，"巴西略"或"瓦西里"原意为"王者气魄"。但到后来，取名所用的字渐渐定型化，原意也不再为一般人所了解，只是"人名"而已。今日我们如果向一个欧洲人问他的名何意，他将瞠目不知所答。今日欧洲也间或还有不用定型化的旧名，而另选一两个仍为人所了解的通用字为儿童命名的，但那是极端例外的事，一般人对这样的父母会认为古怪。

（原载《历史教学》1954 年第 9 期）

评汉译韦尔斯著《世界史纲》

《世界史纲》，英国韦尔斯著，梁思成等五人译述，梁启超等十人校订，商务印书馆出版。

一、序论

评论原著与评论译品不同：前者只要对原书着眼就够了；后者却有两层：第一先要将原书的本身审查一下，估它的价值；第二还要对译书下批评，看它是否与原书相符。评论译品又可分两种——在现在学术仍靠外人接济的中国，这种分类尤其重要。那就是说，翻译的书有的得当，有的不得当。翻译得当的书，评者对于上列两层的工作就都有应尽的责任。但假设译书因译者不明原文而错误百出，那我们就无需去评原书，只指明译书不成事体，希望再有别人出来翻译就够了。这类的事中国近年来很多，稍微留意的人就都知道，我们无需举例。至于韦尔斯《史纲》的译者则都是精通英语擅长国文的人，他们的译品当然是极端有细心捧读详细审查的价值。汉译史纲大体与原文相符，文词的清顺也堪与原书比美；我除佩服赞叹之外，再不敢置一词了。

上面所说的是笼统一切的书评而言。至于史书的评论则又可分两种——就是记事的史与史观的史。两者各有各的评论方法。这两种书并不是完全可以分开的。史观的书——历史哲学的书——仍是以事迹作根据。记事的书多少也有一点历史哲学作它的背景；若不然那本书就一定成为毫无意义杂乱无章没有半点头绪的一本流水账簿。但有的史书是以记事为前题的；它的历史观是无系统的。这类史书的目的就是记事准确；堪为史学界一本可靠的参考书。所以我们评论这种书时应当对事实着眼；除此之外对书中某事或某人的解释我们间或可以发生疑问。这两样事做完之后，评者的责任就算尽了。这类的书大半都没有前后一致的系统史观，所以我们就无需去询问全书的立脚点。

又有一种史是专门发挥著者的历史观的；其中的记事只是发挥时所必需的工具，不过是证明某种原理时所举的例。对于这类的书我们批评时宜只看它的史观有道理与否；至于书中的记事，除非有太与实情相悖的地方，我们就无需举出。那本书的史观若根本没有价值不能成立，那么它的记事即或千真万确，那本书也是不值半文钱的。若它的史观说得通，那书就根本有永久的哲学价值；几点事实的错误是毫不碍事的。韦尔斯的《史纲》就是一本专门发挥某种史观的书；并且它内中的记事据评者所知也没有与实情过于背驰的地方。所以我们只对它的史观下审查就算尽了我们的责任了。

上面这个史书的分类，评者自知非常武断；因为有许多史书是介乎两种之间的。但为本文的清楚起见，暂分史书为此两种，望读者原谅。

现在前题既已说清，下面就可归入正文。

二、原著历史观的评价

韦尔斯我们都知道是小说家，并且是富有改造社会热诚的小说家。他这热诚的对象就是世界大同；而他的世界大同的哲学根据（与其说哲学根据不如说信仰的立脚点）就是无限量无底止的宇宙人类进化论。《史纲》就是他鼓吹世界大同的一本小说

杰作。著者并不隐讳,开宗明义第一页就引了拉策尔的一句玄学信仰来概括全书,作它的总纲:

> 名实相副之人类历史哲学,必从天体叙起以及于地球,必具万物为一之真知——自始至终以同一定律贯彻其单纯之观念。(译本卷上导言页一)

因为韦尔斯先有了这种的一个成见,所以他才作出一本乾坤六合无所不包的宇宙史大全来。评者个人认为除国际外交史与文化沟通史以外并没有别样可能的世界史。世界通史是无论怎样也写不出来的;宇宙全史就更不必说了。一切世界通史都不外乎以下两种:(一)著者若能自圆其说,那书就成了一部结构精密不合事实的小说。(二)著者若不能自圆其说,那书就成了前后不相连贯的数本民族专史所勉强合成的一本所谓世界通史。

人类近五六千年的历史并不是一贯的,也不是一体的。换句话说,时间上或空间上人类史都不是一息相通的。"人类史"是没有存在的,不过是一个方便的抽象名词;因为人类史的实情乃是好几个文化区域独立的各个独自发展演变;其中虽于几个极短的时期中,不免有外交上或文化上的关系,但一大半的时间各个文化区域都是自过自家的生活,与其他一切的文化区域毫不发生关系。中国由开国到两汉,与其他开化民族并没有过什么国际上或文化上的来往;假设我们硬要将中国这二千年左右的历史与全世界所有民族同时期的历史拼在一起去叙述,试问那本历史怎么会有上下连贯的可能?假设叙述起来,居然上下一气相连,那我们就不问可知——著者一定是强词夺理,掩饰删抹的痕迹必定在在皆是。韦尔斯既是善于运用笔墨的小说家,他当然能写出一本前后一致的世界史来。但我们若详细审查一下，就知道他的书实在不是"史"——至少不是世界史，最好也不过成为前有四不像之长序中间被无关之事所掺杂的一本西洋史。读者若不信，只将目录看一遍就会信了。全书共分四十章；除最末一章是发挥总结著者的历史观和宗教信仰的与前十三章是讲宇宙禽兽和野蛮民族的之外，其余二十六章都是讲近五六千年来各开化民族的历史。但我们若把这二十六章分析起来，就知道内中有十五章是讲西洋的(希腊罗马与近世欧西)。以外尚有一章讲雅利安(白人)民族的。所以二十六章内西洋人就占了十六章——百分之六十一点五%——的地位；其余十章的一小块余地，韦尔斯先生慷然慨然的让亚述人、巴比伦人、埃及人、印度人、中国人、犹太人、回人、蒙古人、日本人去拥拥挤挤的凑热闹。这倒是为何原故呢?评者不敢相信著者是看其他一切民族为无足轻重，只有西洋人为上帝的骄子的。其真正的原因，据评者揣想是一种不知不觉中的混乱是非。著者是西洋著作界一个富有普通常识而缺乏任何高深专门知识的人，所以在他的脑海中"历史"一个名词就代表"西洋史"，而他的历史观也就是他以西洋史为根据所推演出来的一个历史观。不过处于现在的世界，任人都知道"历史"与"西洋史"不是可以互相混用的名词，所以韦尔斯作《史纲》的时候不得不把西洋以外的诸民族勉强拉进来，但他的历史观是早已固定了，并且是以西洋历史为根据的；所以他参考其他民族史籍的时候，不知不觉中，一定是只将可以证明他的历史观的——至少不同他历史观相悖的——事迹引用；其他的事迹若也引用，岂不是自己打自己的嘴巴?

评者上面说了韦先生一大篇不是，总未将证据逐条举出，读者或者要抱不平。所以下面随便指出几个比较重要的牵强掩抹的痕迹为例：

1.第二十二章题为"希腊思想与人类社会之关系"，是讲西历纪元前五世纪以后的雅典思想界，并其价值与影响。但世界上同时的两个思想非常发达的区域——春秋战国诸子的中国与释迦牟尼前后诸家的印度——为什么却半句不提？这个时期不只是中印两国思想极发达的时代，并且这两区思想的本身也有绝对可研究的价值。对于印度韦先生尚把佛教提了一提，对于中国他不但除了孔子外只字未提，并且将秦始皇焚书的事放在希腊之先。这显然证明韦尔斯看中国古史为一种讨厌的障碍，故随便先把它略叙几句，以了结一场该发生的公案，然后再不慌不忙的归入正文——西洋史。除此之外，我再也想不出第二个原故来解释这种牵强事实掩抹事实的痕迹。但读者不要误会——我并不是说韦尔斯是故意这样；十有八九他那是受下意识的指导而做的。

2.第十八章题为"田奴奴隶社会阶级及自由人"，是专叙述古代阶级制度的。内中虽也有一两句夹叙西洋，但一大半是讲所谓古代社会的。读了这章之后，我们就必得一个古代社会是阶级分明近代社会是大致平等的印象。欧西中古的严格阶级制度，今日苏俄同样的不能动摇分毫的阶级分别，他却并没有提及。这是因为据韦尔斯的历史观阶级制度是古代文化半开时代的一种不美的现象，并非今日文明社会所应有；殊不知这是方开化的社会所共同有的现象。韦先生对于中国的社会所说的话非常含糊，评者到底也不明白他是否说中国向来没有阶级制度。但反复诵读之后，我看他好似是说中国与印度是极端对抗的——印度是阶级严明中国是几乎无阶级的社会，殊不知阶级制度是任何民族文化初开时所必经过的一个步骤。苏俄乃是一个明证。俄罗斯民族近年来始得自由发展其本有精神与民族性，运用其独有的文化可能性——换句话说，俄罗斯民族昨日方才开化，走文化过程的第一步，所以它现在才有阶级非常严明的社会。它现在因受欧西影响，并承欧西化的俄帝国的余业，所以表面上看起来它的阶级仍未详细划分。但不出一百年，恐怕苏俄就要变成一个阶级世袭的社会。中国在东周之前也是这样，印度在释迦之前也是这样，希腊于苏格拉底前是这样，欧西于中世纪是这样。将来如果非洲人要开化，恐怕第一步也是这样。到底为什么文化过程的第一步非这样不可，那恐怕没有人能回答。但那与本题无关，我们不必去讨论。我们唯一所要切切申明的就是阶级严格的社会是任何文化的初步社会。并非"古"的社会，并无时间的限定。至于现在印度的阶级制度那是印度文化退步印度民族又退回半开化时所产生的，与印度原始的阶级制度形式上虽然相同，精神上已大不相同。但这是又一个问题，我们不必多赘。这一种事实韦尔斯是否知道，我不敢乱猜。但他既已有无限进化论的信仰与"古""今"绝对不同的成见，他当然只说"古"时有阶级，而"今"日无严明的阶级了。殊不知在历史上——尤其是在所谓人类全史——"古今"二字非但不通，并且非常危险，极易引起误解，以致一时的人重古轻今或崇今蔑古。"古今"二字可当作谈话间的两个非常方便的名词用，但若以为"古"与"今"真是两绝对不同的具体物象，那就大错了。因为我们若细想一想，就知道今日的苏俄比二千年前的中国还要"古"，罗马帝国时代的欧洲比十字军时代的欧洲还要"今"，由此类推我们常识的古今观念可以完全推翻。

3.第三十八章题为"十九世纪之实情与理想"，本身颇有独到处，但读时我们得着的印象是："十九世纪的欧美是人类思想酝酿社会紊乱的最后一步。"殊不知战国时的中国，释迦时代的印度，亚历山大死后的希腊，也是有同样的现象。十九世纪的灿烂与紊乱不过是欧西民族历史过程中的一个步骤，并非人类史上一种空前绝后的时代。

这篇书评已经太长，并且对译本还没有说半句话，所以现在无需再多举例，因为书中没有一章不可当例举出的。《史纲》中的许多章，如果独立，都是很好的通俗历史小册。但只因为韦尔斯硬要把它们拉拢起来，编成一本有系统有先后的所谓世界史，所以倒把事情弄糟了。书虽名为世界史，实只头绪错乱掺杂质的西洋史。西洋历史家每将埃及巴比伦亚述等国拉入"西洋"的圈中，强迫他们作"西洋史"的开幕人。已是不通！几乎可说是一种对已死民族的帝国侵略主义；现在韦尔斯把一部比此还不若的一本西洋史硬叫作世界史，是越发没有道理了。总括一句来作结论——韦尔斯不过是从漫无涯际不相连贯的人类历史中——尤其是西洋史中——找出几点紧要不紧要的事实来用小说家的理想线索把它们串在一起，御赐它们名叫《世界史纲》。

三、译本之批评

《史纲》译本的校订诸公大半都是前辈；既经这许多名人审定嘉许之后，按理我们普通一般人除称赞颂美之外，不该再发表任何意见。况且此书的译工的确是又精致又正确；对于译工本身评者真是非常钦佩。但同时也不能自已的有一种"可惜"的感觉——可惜五位青年十位长老相互之间前后费了（据评者所知）六七年的工夫译出这本书来，中国最大的印书局又格外费力费本的精印精装；在学术界大闹饥荒的中国我们却费了这许多的精神上与物质上的精力去摆弄这一本书，评者不知说什么才好，只能再三再四的叹几声："可惜！"单讲译工，此书在近年来恐怕是第一等了。但原书恐怕是近来外书译品中最无价值的。中国近来新出的书都是短小曲委得可怜，这本书看起来还像一个书样子。可惜内容不称！

评者这种论调恐怕有人要以为太过。我并不是说《史纲》是一部不可读的书。留心西洋的思潮的人都当读这本书；但我们必须要注意"思潮"二字（见下段）。西洋的读者有一大部分多少有点鉴别的标准，不拿《史纲》当史书读，只当它作一种消遣品。我们中国人却郑重其事的居然看它为一部出类拔萃的世界史入门。普通的国人对世界史本无一种相当的了解，读了这本书之后，非但不能了解，并且要发生一种谬解。国中应当读这书的人都看得懂原文或欧洲各国的译文，但现在此书的读者一大半都是中学与大学预科的学生——都是不该读这书的人；因为他们还没有一种标准，没有批评力，读了这种宣传品的史书只会发生误解，不会增长知识。但现在书已印出，不能挽回；我们只有谋一个善后的方法，以补前非。所以评者劝读此书的人要把每章看为独立的小册；可当它作一本通俗粗浅的参考书，不要看它为上下一致的世界史，若好奇心盛，非读全书不可，可将讲西洋的十几章按序读下，然后再读那些讨论其他民族的几篇片面的小文章。至于讲宇宙与禽兽史的十几章，评者非科学家，不知事实是否正确。但无论事实正确与否，评者也看不出它们与人类史有什么关系。固然我们人类是由亿万年前的星雾中的原质所产生出来的（科学家既然这样说，我们不妨姑且也这样承认），固然没有人之先世界上就有禽兽（为免无谓的纠纷起见，这点也可不问而承认），但生物如何会从星雾中渐渐演变出来，下等的生物如何会渐渐变成上等动物，甚至人类（假设真有其事），我们是半点也不知道的。所以这些事并没有解释人类史的功用；我们又何苦去把它们牵羊似的牵来作人类史的小序呢？但我们若分开读，这几章也是很有兴趣的消遣品；我们也无妨于闲暇寂闷时拿来读一读，只要不把它当作历史的一部分就是了。

译本的译工虽是尽善尽美，它的开幕者与收场者却有些不妥。开幕者就是那一篇莫名其妙的"译者序"。序的下面署名王云五；但译者的五人中并没有一个姓王的，不知这位译者是从何而来。校订者中倒是有位姓王的，可惜名叫岫庐。"云五"与"岫庐"好似是有名与字的关系。然而一个人在同书中为什么要署两个名字，叫人费工夫去摸索，真是不可解。无论如何，"译者序"，全书开首的三个大字也应当改造——或改为"校订者序"，或改为"王云五先生序"；但我想最好是改为"王岫庐先生序"。

全书的收场者就是那小字精印的四大页"勘误表"，共总有二百条左右。中国近年来无论印什么书，书前或书后非有一篇正误表不可；若不然那书就仿佛是欠完整。评者个人也知道校对是非常苦非常难的一件事，但我不相信印一本一讹无有的书是不可能的。拿起一本西洋的书来，无论大小或有价值与否，若要找一个讹误，真是非常艰难；间或有之，但是非常又非常的例外。我们中国最大的书局为什么不能有同样的成绩，也真是一件百索不得的怪事。特别如此加工加细的一本书，更不应常有这样长的一篇勘误表。

四、余言

中国现在一切的学问艺术都仰给于外人，那是无可讳言的。但只有少数人能直接读西文；其余的人都靠着这少数人的介绍。

所以这少数人的责任是非常重大的。他们如不介绍则已，若介绍时则宜细心考虑——一要考虑某著作本身的价值，二要考虑读者的资格。二者都考虑妥当之后，方可介绍一本书。不可因某书在西洋因西洋的特别情形而风行一时，我们就非介绍到中国不可。至于《史纲》，我们若用这两种标准去考虑，就得结果如下！第一，此书本身无史学的价值，我们不可把它当史书介绍与比较易欺的国人。它只有思潮上的价值——欧美现在正在大同主义日渐风行国家主义极盛转衰的时代；《史纲》就是鼓吹大同主义的一本名著。韦尔斯不过是国家主义反动时代的一个产儿，他的《史纲》是受欧洲大战激感而写出的。所以关心西洋思想潮流的人不可不读《史纲》一书。但上面已经说过，能研究西洋思潮的人都能读原著或欧洲各国的译本，无需我们再费力去介绍——因为那就等于有人把我们一位熟识的朋友介绍与我们。第二，我们中国普通一般的读者并无心研究西洋的思潮，也够不上研究的资格。他们并无用批评眼光读这书的能力。关于这点，上面也已说明。

五、重印附言

这篇评论是民国十七年（一九二八年）三月四日在《时事新报》的《书报春秋》栏中发表的。二年以来，国人对于《世界史纲》的信仰似乎仍未减少；无论普通的读者或中学大学的学生仍多以此书为有权威的世界史。所以现在将原评转登在《史学》上，盼望国人将来能少走不通的路。

近年来西洋像《史纲》一类的著作甚多，并且都很风行。例如《科学大纲》，中国已有译本。此外如《哲学大纲》（原名《哲学的故事》),《美术大纲》《宗教大纲》(原名《信仰的世界》),《文学大纲》(原名《世界文学的故事》),《生物学大纲》(原名《我们何以举动如人》)……不胜枚举。近来又有一本所谓《人类知识大纲》出世,虽不过五六百页,却自称包罗万象;上面几种"大纲"所简单叙述的,这本书居然尤其简单的叙述出来。这也是今日西洋一种风气。大概十九世纪来各种学术都太偏于专门的研究,与平民完全断绝关系;今日西洋的社会既是平等民治的社会,又是教育普及的社会,所以一般无高深知识或无暇研究的人,都想要对于这一百年来堆积起来的学术多少有点了解。这些"大纲"就是因应付这种要求而产生的。而最初开这种风气的就是《世界史纲》。所以此书的确占有很重要的地位——一方面为提倡大同主义的杰作,一方面开导新风气。我们所要注意的就是无论怎样《史纲》并不是历史;研究历史时,最好读别的书,对韦尔斯的书愈少过问愈好。

(原载《时事新报》1928 年 3 月 4 日,转录自中央大学历史学系编《史学》1930 年第 1 期,上海光华书局出版)

评汤姆孙著《中世纪史》①

　　由四五世纪至十五世纪间的所谓西洋中古史对于一般略知欧洲古今大势的人仍是一团漆黑或不解之谜。"中古"一词的不妥对于这点要负不少的责任。"中古"或"中世纪"是十五世纪意大利人文主义者所创的名词。那时他们对于过去希腊罗马的文艺研究日深，推崇日高，因而觉得（最少自己相信）与那个过去的文化神通气联；对于他们自己民族已往一千年的历史反倒感觉一无是处——只是介乎两个开明时代间的一个混乱、野蛮、黑暗、迷信的"中间期"或"中世纪"。十五世纪深于成见的人文主义者的这个名词与它所表示的概念就变成后日学界一般的传习见解。直至十九世纪末这种成见才渐被打破；但是一九三三年仍有不少人对中古时代照旧是这样看法的：在中国尤其如此。汤姆孙先生这本中古史用不能否认的事实极力的纠正这种误解。这是本书的一个特点，在今日的情形之下也可说是它一个特别的长处。

　　中古史的主要成分有三：残余的希腊罗马文化与残余的拉丁民族，新兴的日耳曼民族与它的封建制度，基督教与基督教会。整部的中古史可说就是这三种元素的并行发展史与激荡冲突史。而在三种之中尤以日耳曼与教会二者为重要；希腊罗马文化只处于附属的地位。换言之，中古史是一个全新的局面，一个新文化开始的创造时代；并不是希罗文化的继续发展，而是近代西洋文化的最先一幕。汤姆孙先生把这个道理用事实描写的很

---

① *History of the Middle Ages*, By James Westfall Thompson p.465.W.W.Norton & Co., New York, 1931.

清楚(见章一至四，八至九)。所以为要彻底明了今日的西洋，不研究希腊罗马以上的历史还可以；但若不知道所谓中古时代的情形是不可能的。今日的西洋并非由希腊罗马而生，乃是直接由中古日耳曼民族与教会所创。希腊文化品的残余曾有一部分被采用，但整个文化的精神，民族主要的成分，政治社会的构造，宇宙人生观的性质——这一切都是全新的，可说与所谓上古的西洋没有多少关系的(见章十一至十三，十五至二十四)。

由四世纪至八世纪可说是罗马帝国与罗马文化渐渐消灭的时期。罗马的政治权衡不知不觉中失去效用；许多日耳曼王国在各地成立。罗马法制虽未完全绝迹，新的宪法观念，新的政体，新的法律，新的社会却渐渐发生以至于成熟。在八九世纪间经过一个临时的统一之后(查理曼时期)，主权分化的封建制度与佃奴社会完全成立。但在这个分化局面之上有一个高超的一统势力，就是基督教精神方面的信仰与具体方面的教会。同一的信仰充满各国的人心，同一的教会支配所有的人生。这个一统的信仰与教会有一个超然的首领，就是在人世间代表上帝权威的教皇。各地的封建国家日趋稳固，与这个伟大的精神势力发生冲突是无所避免的。最早与它火拼的就是那个奇特无比的所谓神圣罗马帝国；结果是日耳曼地与意大利半岛延至十九世纪才得统一。与这个冲突相偕并进的尚有十字军运动；整个的西部欧洲联合起来与东方的回教对抗。法兰西是这个运动中的主要角色，同时西班牙在半岛上进行它自己小规模的十字军战争；由八世纪至十五世纪西班牙半岛在政治方面整部的历史都被基督教与回教的死拼所包办。英国比较的处在局外，独自创造它的模范宪法；但因它与法国北部诺尔曼公爵邦的特殊关系，大陆的一切潮流都不免冲到不列颠岛的岸边。后日西洋主人翁的中等阶级同时也渐渐成立，并建起许多工商业中心的城市。

十三与十四世纪间这个封建制度与基督教合成的文化渐呈裂痕。一时作国际公断人的教皇现在被新兴的一统法兰西王国所侮辱，以至成为法王的傀儡。各国的教会渐趋独立，只受国王的干涉，不听教皇的号令，并且还要改革教会与教皇制度。英法两国内部日渐统一，因而两国在大陆曾经争夺三百年的领土引起百年战争。战争结束后两国的统一事业也就完成了。日耳曼与意大利方面因为特殊的情形反倒日趋分裂；神圣罗马帝国无形中分化为三百个大大小小的国家。所以中古最后二百年可说是整个一统的势力（教会与帝国）渐渐消灭与地方一统的势力（列国）渐渐成立的时代。到十五世纪末我们所熟知的西洋各国大半都已显露后日的形态了（见章二十五至二十九，三十一）。

不只后日的政治是由中古时代演化而出，近代的思想科学文艺也大半来自同一渊源（见章二十二至二十四）。今日欧洲的各种文字都在此时出生、发展，变成高等文艺与深奥思想的工具。书院哲学（Scholasticism）到今天虽已少有研究的人，但那是中古全部生活的唯理结晶；从本身讲来，那是一个极完备的哲学系统。世界上并没有最后完备的哲学；一种哲学的价值在乎它本身是否一个周密的统系，是否一个时代文化的射影。由这个观点看来，书院哲学比后日许多时髦的思想地位都要高些。并且十六世纪后哲学中许多的基本概念与基本问题都是书院哲学的传遗。在文学方面英、法、德、西、意各种文字最早作品都于此时出现；悲壮的史诗与缠绵的抒情诗是后日文学批评家所公认为上品的。

中古时代的科学地位并非如一般人想象的那样低。在技术与方法方面，五百年前的科学家比较幼稚；但在思维力与精神方面，他们并不落伍。他们知道地是圆的，明白日月蚀的原理。十二世纪前半期英国已有科学家 Adelard of Bath 亲身到威尔斯与爱尔兰的海岸去度夏，以便观察研究海潮的升降。十二世纪的科学家已经明了光学的原理；透光镜（lens）到十三世纪已成科学界常用的工具。十三世纪的书院哲学家 Duns Scotus 在巴黎的一个修道院内费一个整个冬季的工夫用颇为准确的数学方法去计算岁差。培根（Roger Bacon）对于科学的贡献是无需介绍的。后日科学或日常人生的许多必需品都是中古科学家所创造或完成的；例如放大镜、火药、罗盘针、印刷术、风车、风琴，许多化学中的酸类与医学中的药品。这恐怕是连今日科学家也不知道的一件事。但科仑布发现新大陆，Vasco da Gama 航过好望角，麦哲伦（Magellan）航绕全球的成功，都是以中古科学家的数学知识与天文知识为依据的，并非意外侥倖的横冲直撞把戏。

　　研究过去的历史，我们必须有丰富的同情心；暂时必须变成那个时代的人，呼吸他们的空气，过他们的生活，与他们发生一种密切的默契。时代愈远，这种想象力与同情心愈为必需。中古史对于今日大多的西洋人已是不可了解；我们异族异化的人若要明了，更要尽力设法与它心契神通。汤姆孙先生在中古史专家中是一个最富于这种能力并且又能将这种能力表现于纸上而传与读者的。所以这本书是初习中古史时一个最适宜的南针。比这个课本尤详的尚有他两卷的著作中世纪 *The Middle Ages*。专论中古的社会的有他的两卷中古经济社会史 *The Economic and Social History of the Middle Ages*。专述日耳曼的有他的《封建的日耳曼》（*Feudal Germany*）。这三种虽是比较专门的作品，但笔法是同样的活泼生动引人入胜；事实虽然很多，性质虽然专门，却无丝毫学究气。

（原载《清华学报》1933 年 9 卷 1 期）

评道森著《人类行程》①

　　这本书的副题，自白的很清楚:"由史前到最近各民族与大事的表纪,内中包括一个分七段的《世界史对照表》《历史地图》九十六页,与图像六十四幅。"编者曾作过《大英百科全书》的一个编辑,对于编作像《人类行程》的一本书应当是很合适的人。但实际只有《历史地图》的一部分没有严重的缺陷错误;恰巧这一部分是别人替他制作的。由中国人的眼光来看,连《历史地图》也有一个缺点。在《世界史对照表》中,中国占一个独立的重要地位,这可说是近年来西洋人对中国史的认识加深的结果。但《历史地图》中,中国连一张独立的地图也没有,几张附属的地图也都不清楚。况且序文中既将中国与埃及、巴比伦诸古国并列,最少也当像它们同样的有一两张详细的地图。《对照表》与《地图》这样不平衡,编者似乎应当负责。

　　《图像》一部分是编者自己选择的,极不妥当。六十四幅中,伟人写真的或理想的书像占据约有三分之二的地位, 这只能供儿童欣赏,对于"人类行程"的了解没有多大帮助。伟人在历史上固然有他们的重要地位, 但伟人的相貌不见得都能给人多少神威。各级人民生活的方式,宫殿庙宇居室的构造形式,城郭的布置,田园的小影,游戏的方法,诸如此类的图像所给予读者的知识往往较比长篇大论的描写还要清楚深刻。这一类的图像并不难找,《大英百科全书》 中就很多。 编者好似没有明白图像的用

---

① Lawrence H.dawson, *The March of* Man,The Encyclopaedia Britannica Co.Ltd., London，1935.

处，以为不过是扩大范围的家庭相片簿而已！

在《图像》一部中，中国只占一幅的地位，就是一张清初人所画的老子、孔子、释迦合像。这样一张不相干的象征图像也与《对照表》中中国的地位太不相称。西洋人收买盗运的中国书已难统计，足以代表中国书或中国文化的不见得以这幅象征画最为高明。

《对照表》太潦草，尤其关于中国史更是错误百出，前后自相矛盾的地方也不少。例如汉朝的年代先说公元前二〇六至公元二二一年，下面又说公元前二〇二为汉元年，公元二二〇为汉末年。公元前二〇六与前二〇二的两个汉元年的说法都可通，但这样简单不加说明的表中不当两列。东汉亡于公元二二〇年，二二一年误。把墨子放在公元四世纪初，晚了一百年。墨子活动在五世纪，他或者死在四世纪初。称秦始皇为"皇帝"（Huang Ti），上面黄帝也用同样的两个拼音字，不知出于何典，秦始皇决无单称"皇帝"的道理。定秦朝的寿命为公元前二四九至前二〇二年，两个年代都错的不着边际。废挟书禁，说是在汉昭帝时，不知汉武帝那种热闹的儒教与儒学由何而来！司马迁的生死年代编者都能查明，这是没有第二个人知道的事。只提东汉时中国征服西域，对西汉时的西域事业一字未提。说契丹在公元十一世纪兴起，实际燕云十六州在十世纪前半期已经被契丹占据。地方官回避乡土的制度并不始于清政府；隋唐时代已很盛行，六朝时已经萌芽。《尼布楚条约》的年代是一六八九，不是一六六九。此外编者对于一些皇帝与朝代似乎都恨寿命太短，所以将汉武帝、唐太宗、清圣祖、清宣宗的死年与南宋都展缓了一年的工夫。元太宗即位，又提早了两年。最不可解的，就是《对照表》中将孔子的年代记载得很正确（公元前五五五至前四十九年），到《图像》的说明中又改为公元前五五〇至前四八九年。编者对于工作如此的不负责任，叫人怀疑他是否真担任过《大英百科全书》编辑部的职务。纪年的书把年代弄得这样错误，不知还有什么用处。编者在序文中并称上古的中国为"扬子江流域文化"，这是对中国稍微注意的西洋人决不会有的错误。

为编者着想，中国史或者困难太多，读者不当过事吹求。但西洋史的一部分不妥当与错误的地方也不少，这是编者自己也难以自解的。这里我们不必像中国史那样详细推敲，可由人类最早开化的埃及史中与今日西洋所由脱胎的罗马晚期史中各举一以概其余。关于埃及，编者说在公元前一五八〇年前一切大事的年代都由推测而来，都是约略的说法。这是史家所公认的。埃及史由公元前三五〇〇年左右美尼斯（Menes）统一南北起，也还妥当。但在此前有一件很重要并且是年代确定的大事，就是公元前四二四一年太阳历的颁行。这个历法后来由恺撒（Julius Caesar）传到罗马，由罗马传与中古以及近代的西洋，近代的西洋人传播到全世界。其中虽有小的改变，但今日世界所通行的大体仍是六千年前埃及原来的历法。这不能不说是"人类行程"中的一件大事，同时也是人类史上第一件年代确定的事，无论如何不当遗漏。

罗马帝国承认基督教为合法的宗教，编者说是在公元三一二年。实际加里略（Galerius）皇帝在三一一年，虽未统一全国，却已颁布法令承认基督教。至于君士坦丁（Constantine）大帝承认基督教是在三一三年帝国内部平定之后。三一二年是相传君士坦丁基督徒的军队战胜的一年。编者把三年中前后的发展并没有认清，况且基督教合法令的颁布既然值得提出，八十年后（公元三九二年）狄奥多西（Theodosius）皇帝正式定基督教为罗马帝国国教的法令更为重要，并且是三一三年法令的自然结果。编者在三九二年记录了一件不很重要的政变，把这个重大的事反倒失载，可谓疏忽至极。

这本书装潢很好，印刷很精，看起来很美观，可惜内容太不相称。只有《历史地图》一部还可供参考。

（原载清华大学《社会科学》1935 年 1 卷 1 期）

评赫克尔著《宗教与共产主义：
苏俄宗教与无神论研究》①

西方有一句老话，说："英国人或美国人谈话：谈来谈去一定要谈到体育游戏的问题；法国人谈话，谈来谈去一定要谈到女人的问题；俄国人谈话，谈来谈去一定要谈到宗教的问题。"英美人或法国人是否如此，我们可不必管；至于俄国人，最少革命以前的俄国人，的确是以宗教为有无上兴趣的问题。三五个目不识丁的农民聚在一起而大谈上帝与人类死后命运的问题，在帝俄时代并不算稀奇的事，今日的情形，最少由外表看来，当然已经大变；Hecker 先生这本书就是要解释这种变化的背景与经过。

全书共十四章。第一章为绪论，第二章叙述俄罗斯民族传统的宗教信仰与宗教情绪，把民族的神秘特征描写得非常清楚。第三章讲帝俄时代国家与教会的关系。教会完全是政府的一个机关，可说是一种精神警察，专司查禁人民心中一切反抗政府的意念。例如一九〇五年圣彼得堡和平请愿的工人被军警杀伤的有数千之多；教会不只不从宗教或人道的立场提出抗议，各地的教士反多与俄皇打电报，贺他能当机立断。革命后想尽方法要推翻新政权的分子虽然很多，但其中最出力的就是教会。第四章讲正教以外的各种宗教改革派别的活动。由十四世纪末直到最近，历代都有反抗政治与宗教上的黑暗而起以宗教为号召的运动。这些新的宗教派别往往有共产的色彩，可见后日俄国的共产主义

---

① *Religion and Communism: A Study of Religion and Atheism in Soviet Russia.* By Julius F. Hecker-Chapman and Hall., Ltd, London, 1933. P303.

并不是偶然的事。第五章讲到十八世纪受了法国 Voltaire 一般人的影响之后的无神主义与非宗教主义。在宗教腐败不堪的俄国，这种革命思想非常盛行，并且成了多数改革家的公同信仰。今日苏俄的激烈反宗教政策也大半渊源于此。第六至第八章讲到十九世纪的改革运动，非宗教运动，与进步的宗教思想；对托尔斯泰尤其注意。十九世纪的革命思想家，如 Belinsky、Hezzen、Bakunin 之类，最后虽都成了反宗教的人物，但青年时都曾经过一个盛烈的宗教狂热时期，并且晚年时反宗教的革命热诚实际就是青年时宗教热诚的变相发展。这也是俄人宗教特征的一个明证。

第九章略述共产主义的宗教观。宗教的泉源是自然界与人事界的压迫。原始的人类受自然界的压迫，因而崇拜自然现象。但最大的宗教压迫还是人类开化后的阶级社会。先是贵族阶级，后是资本阶级，对多数的人民榨取剥削。人民惶恐畏惧，不能自保，于是就专事依赖神明的保佑与信仰的安慰去忍受他们不能避免的痛苦。榨取阶级也鼓励人民皈依宗教，因为宗教是一个很便利的麻醉品，能使人民忘记他们的苦处。这个宗教观是否妥当，实际上无关紧要；它是一个向宗教进攻的利器。最少帝俄之下的宗教的确是被政府当作人民的麻醉品去应用，所以革命之后新政权与教会是势不两立的。第十章就讲到这种不可并立局面下的政教冲突。教会占胜利的机会本来就很少，但它连所余的一点机会也不知利用。例如一九二一年俄国大饥，教会不肯出全力救荒。最后政府决定没收教会积蓄的许多宗教上不必需的金银器皿与各种珠宝去救灾民，教会却极力反抗。这种难以置信的愚顽不仁的行动等于自杀，连教士内部都有人提出抗议，已经微弱的教会因而又分裂为两派。今日教会在乡间虽然仍有相当的势力，但在都市中已经不大惹人注意。

　　第十一至第十三章叙述反宗教运动的方法。在物质方面许多教堂都被没收，在思想方面反宗教同盟又刊行杂志与小册一类的反宗教宣传品。这种运动不能说没有成功，因为都市的青年大多已不信宗教，认为纯现世主义的五年计划与唯物哲学就可占领他们整个的人格。但青年中仍不免发生"人类由何而来"，"人类为何而来"，"人类到何处去"的问题，这都是共产主义所不能满意的解答的。并且反宗教运动根本是一种消极的运动，除少数"反"的热狂家之外，一般人对它不易发生兴趣。虽有政府的保护提倡，反宗教运动已使人感到厌倦，在乡间与偏僻的地方甚至有时招致人民的反对。

　　最末在第十四章著者对于宗教在苏俄的前途提出他个人的见解。反宗教家相信十年之内宗教的势力就要完全消灭，但著者认为问题并不如此简单。即使我们承认共产主义的宗教观，认宗教为压迫恐惧下的产物，即使我们又承认共产主义的理想社会将来真能实现；但未来的理想社会决不会像古今的宗教家与今日的共产主义者所想象的极乐世界。在任何的主义之下，我们很难想见战争、饥荒、瘟疫、水旱、地震、夭折、失恋、失望，以及其他各种意外或非常的事会完全绝迹；至于人类何来、何为、何去的问题更是人性所必要猜想的宇宙之谜。这都是引起恐惧、疑惑、追求、信仰的现象；并且是人类根本不能完全理解的现象。共产主义在初胜的狂欢之下或者可以不理这些问题，但人类只要仍是人类，这些都是不可避免的问题。

　　著者个人仍然笃信宗教，同时对苏俄政治又很表同情。全书由始至终态度非常客观，在英文同样性质的作品中是很难得的一本书。

（原载清华大学《社会科学》1936 年 1 卷 2 期）

评雅斯贝斯著《近现代中的人》①

十九世纪以前西洋虽然变化甚多，但历代都以自己的时代为固定不动的，永久的。十九世纪以下，尤其欧洲大战以下的今日，大家都感到时代有如流沙，顷刻万状；每人无论自己的境遇稳固与否都觉得整个的时代是不稳固的。这种普遍的心理渐由西洋传播到全世界。从前的人相信大局与环境是固定的，所以个人的地位反倒重要，在固定的环境之下，每个人可凭自己的能力去活动立业。现在的人都感到个人的力量微乎其微，环境的急速变化似乎不由人力，人力也没有控制环境诱导环境的能力；并且个人努力的目标与最后所得的结果往往不相合，甚至正相反，使人心中异常苦闷。人要支配环境，结果反被环境支配。旧的世界已成过去，新的世界还未来临。没有人相信现在的局面能够持久，但也没有人知道新的世界到底怎样，甚至很多人对新世界来临的可能根本怀疑。

今日的世界过于复杂，所以没有人知道此时此刻的整个局面到底如何。但 Jaspers 教授相信我们不妨勉强去探讨今日的情势。一八〇〇年世界的人口约为八万五千万，今日已增加到十八万万。这种骤增的人口全靠科学与机械的进步来维持。人类全部生产与消费以及一般日常的生活都在一定的规则与集中管理之下进行，以致个人的自由完全失去，每人只是庞大机械中的一个渺小机件。因为人口大增，人类相互的关系日趋密切，所以今日

---

① *Man in the Modern Age*.By K. Jaspers. Tr. from the German by Eden and Cedar Paul.Henry Holt and Co.,N.Y.,1933.

才有所谓"群众"的问题。整个的政治社会机构都为的要设法叫群众有饭吃，同时也有人出来利用群众，麻醉群众，呼群众为主人翁，推群众为最后的统治者。但群众实际并没有统治的能力。今日所谓群众政治实际只是一种抽象方法的政治。多数人无可无不可，不参与政事。其余的人用投票选举或其他的方法干政，但实际一切都由少数有组织的人把持操纵。然而这少数人的行动都以全部群众——大部不管事的与小部管事的——的名义为根据。今日的领袖都须要谋求群众的利益，虽然这种利益往往只是口惠。如此看来，所谓主人翁的群众实际是一个非常抽象的动物，所谓群众政治也是一个难以捉摸的鬼物。

在机械化与群众独尊的局面之下，个人的地位无足轻重。今日除极少数有特别知识或特别技能的人之外，一般人在社会上都没有长久固定的地位。甲能做的事，乙也能做。今天由甲做，明天换乙去做，甲就须另谋发展，或赋闲失业。从前连一个最贫贱的人都有固定的地位，今日连一个所谓领袖的人物对于自己的地位也没有把握。一般人对于工作并不感觉兴趣，因为工作并不是终身的职业。工作无聊，可以说人生最大的快乐已经丧失。

家庭在今日有消灭的趋势。大多数人都没有互连，居室都是与军营相似的蜂巢式的房屋，只是夜间睡觉的地方，并不是家庭生活的根据地。所以搬家成了常事，因为一般人实际都没有"家"。父母对于子女的影响日愈减少，离婚日多，终身不正式结婚的男女也不少。今日性学的发达与性学书的风行，正是证明家庭的破裂。从前家庭与婚姻没有成过严重的问题，所以没有人去注意。

教育在固定的时代有固定的内容与目标，当时社会所认为最高的价值都靠教育保持流传。今日整个的文化流动不定，因而教育的目标也无准则。有人无所适从，就提倡尊古，把今日无人信仰的前代传统全部灌输给现代的青年。又有人认为教育的目的只是为供给学生一个谋生的工具。实际大家谁都找不到门路，这是今日教育学说与教育书籍所以流行的原故。各种新奇的教育学说与教育试验都表示教育事业的迷失正路。今日的教育特别崇拜青年，认为未成熟的青年能指示教育的方针。同时因为成年人没有把握，青年人也就日渐进取，认为他们自己真能找出路，无需成年人指导。因为教育学说与教育内容变化无定，学生出校之后不久就感觉落伍。所以今日各国都有成年教育的可怜呼声。

著者对于未来的趋势十分焦心，人类或者会盲目的自杀也未可知。今日大家所作所为，几乎都是自发行动。群众的时代否认个人的自由，著者相信只有恢复个人的自由人类才有出路。但他没有说明这个自由如何恢复，他自己似乎也怀疑有否恢复的可能。

这类的书近年来欧美各国都出的很多。美国 Joscph Wood Krutch 的 *The Modern Temper* 沉痛的叙述摩登人类的消极与悲哀。德国 Oswald Spengler 的 *Der Untergang des Abendlandes* 断定人类历史的将来一定与已往同样的痛苦；Keyserling 写了许多书，倡导一种江湖派的假乐观主义，实际对于将来也感到无望。英国 R.G. Wells 发表的短文与长书更多，热心的为迷途的人类寻出路；但 Wells 的见解时常变换，证明连他自己也还没有找到出路。Heidelberg 大学 Jaspers 教授的书也是这一类的时代产品，很值得一读；可惜著者也犯德国人的通病，书中有许多微妙虚玄的语句，读起来好像是梦话。

（原载清华大学《社会科学》1936 年第 1 卷 3 期）

读高级中学课本《世界近代现代史》上册

  编写课本，尤其编写中学课本，在很多方面是较比编写专门著作要困难的，因为它在思想性、在科学性、在艺术性方面都同样地有高度的要求，三者缺一不可。由李纯武同志主编的《世界近代现代史》上册和由杨生茂、李纯武两同志合编的《世界历史》下册，在这些方面的成功都是很高的。这里仅就上册说一说：首先，思想性强，是新课本的一个显著优点，而在发挥思想性中又能经常注意到科学的严正要求。例如第一章讲到十七世纪的英国资产阶级革命，第三章讲到具有资产阶级革命性质的北美独立战争和美国的成立，第五章讲到十八世纪的法国资产阶级革命，以及其他各章讲到另外一些资本主义国家时，都能通过对于重要历史事实的正确叙述和解释分析，使学生对于资本主义国家的性质，获得一个明确的认识。这样，就达到了通过历史的具体学习而自然而然地，毫不勉强地贯彻政治思想教育的目的。这是历史课本的一个中心目的和中心任务。

  像上面一类的情形，在课本中是不断遇到的。例如第九章讲到一八四八年的欧洲革命，虽然是各国分节叙述，却始终抓住主题，使学生清楚地认识当时各国的资产阶级已不再是革命的阶级，而唯一将革命进行到底的革命阶级已是无产阶级了。再如讲十九世纪晚期到二十世纪初期各主要资本主义国家发展为帝国主义国家的第十六到第二十一各章，在不忽略帝国主义的一般性之中，对于每个帝国主义国家的特殊性都作了简单明了的交代，使学生在一般的认识之外又能获得个别具体的认识。

  课本对于人民群众在历史上地位的问题，处理得甚为恰当。

由第一到第十三章，凡是讲到资产阶级革命或民族统一运动时，总是把人民群众的作用尽量体现出来，讲到法国革命的第五章，在此方面描绘得尤为具体，给学生一个人民群众是历史创造者的清楚印象。当然，在这个问题上是受到史料的限制的：过去的史料大部为统治阶级所忌，对人民群众的活动不是埋没，就是歪曲。在这种事实困难的条件下，课本编者作了最大可能的努力：文字的描述不足时，用形象化的插图方法来补充，人民起义或人民参加革命运动的一些形象场面，对文字的描述是有强烈的发挥作用的。

思想性和科学性虽是一切作品的主要方面，但课本在各类作品中又是特别要求艺术性的。课本必须易于理解，易于接受，否则即或思想性和科学性都无问题，也不能达到课本的目的。《世界近代现代史》编者在此方面所作的努力，在每一章中都是显著的。就文字的描述而论，繁简适中和活现生动是课本的两个特点。历史课本中史实的适当压缩，是一个不容易解决的问题：简化是必需的，但又要避免空洞的概念化；既要照顾到中学学生的理解能力，又须注意到课本的篇幅限制。课本编者基本上掌握了这一个难以掌握的原则。例如在法国资产阶级革命由三级会议，经过国民会议，到制宪会议这个斗争逐步尖锐化的过程中，事实甚多甚繁，过去一般中学课本都叙述得相当详尽，实际恐怕往往详尽到超越了学生所能驾驭的程度。新课本的叙述提纲挈领，琐细的事从略，是更适合于中学教学的需要的。

在叙述和分析重要历史事件的时候，课本的文字是特别生动的："六月起义"（试教本第 81~84 页）和"巴黎公社"（第 132~138 页）两段都是很好的例子，对于工人阶级英勇奋斗的精神描绘得活现逼真。又如关于路易十四时法国贵族与平民生活的强烈对比，刻画得甚为透彻。这一类的生动文字，不仅给予学生一个深刻的印象，并且通过深刻的印象又给予他们一种难以磨灭的阶级教育。

使课本文字生动的，还有一面，就是文学材料的适当引用。在讲一八四八年匈牙利革命时，引用了革命诗人裴多菲号召人民起义的《民族之歌》（第 90 页），在说明美国宪法为保障有产阶级利益的宪法时，引用了一位诗人称有产者为"吸血的寄生虫"的诗句（第 20 页），这比编者用数倍于此的文字去描写，效果还要大些。有代表性的文学作品，是最直接最现实的史料；如果善于运用，都可从正面或从反面生动地说明问题。此外，课本又时常引用历史人物在历史现场所讲的针对眼前问题的话，其效果与文学作品的引用是一样的，都能从正面或从反面给学生一种深刻的印象。这是新课本的一大特点，也是一大优点。

课本的插图丰富，一般都是经过精选的，其中有些插图可以帮助学生了解历史事件，有些地图又能给学生一种一目了然的时间空间的概念。总之，它们都能加强教材的感染力，给予学生形象化的教育。

最后，还有一件小事，应当予以指明，就是新课本对于译名的认真负责。例如一八四八年匈牙利革命领导人之一的 Kossuth，过去多依英文读音而译作"噶苏士"，新课本按照原文读音改译为"柯树特"（第 90 页），这种名从主人的做法是极其正确的，是译名的一个基本原则。当然，我们无需主张重新审核一切的旧译名，对于一般社会习用已久的译名，即或不甚恰当，也就只有听任它了。但社会上一般很少应用，而只为某一科学部门内专门使用的名词（如历史科学内专用的 Kossuth 之类），如果旧译不妥，在今日是应当考虑改译的。这也可以算为向科学进军中一个小的而必需的项目。

新课本并非尽善尽美的。在科学不断进步、教学不断改善的今日，是不会有十全十美的课本的。课本的缺点恐怕主要须靠教师同志在教学实践中去发现，发现后提出与编者商榷。笔者此处提出两点，是否恰当，请编者和教师同志指教。

课本名为《世界近代现代史》，但上册实际上仍偏重于欧美历史（该书下册，亚洲国家历史占有一定地位），亚洲国家除了资本主义化的日本外，只讲了当时为英帝国主要殖民地的印度。这种做法本不自今日始，也不是中国所独有的情况，它是由来已久的一种世界性的情况。但我们中国既是一个亚洲国家，并且是一个亚洲的大国，在我们的世界史课本中就必须考虑亚洲各国所当占有的恰如其分的地位。这对于培养学生世界范围地看世界问题，而不是欧美中心地看世界问题的习惯，是非常重要的。

其次，关于资本主义开始发展并且逐渐上升的十七、十八世纪，课本中只讲了英、美、法、俄四国，与资本主义发展或多或少都有关系的其他欧洲国家也都略去。这种做法，也是有它的历史渊源的。十几年来，由于一种误会和误解，认为中学的世界近代史主要地是由法国革命开始，法国革命以前只把英美的革命稍谈一下即可，其他的欧洲国家好似都无足轻重。但中古史却是郑重其事地把所有的国家都清楚交代到十七世纪中期的。结果在中学的历史教学中，十七世纪中期以下的一百五十年，成了没有父母的孤儿，谁也不去照管。这种做法的影响是相当严重的：它使以后讲到十九世纪各国的革命时，许多历史的来历都看不到了。此中当然牵涉到课本的篇幅问题。但篇幅问题是技术问题；亚洲国家的去取，十七、十八世纪一般欧洲国家的去取，是体例和原则的问题。体例和原则的问题如果得到妥善的解决，技术问题是容易解决的。

上面的问题又引出另外一个问题，就是近代史的分段问题。课本把近代史分为两编，第一编由英国革命到第一国际，前后二百三十年，第二编由巴黎公社到第一次大战前夕，只有四十多年，这显然是一种不平衡的分段法。这种分段法也来自上面所谈的误解。当初近代史由法国革命开始，以一八七〇年左右为分界线，上编约八十年，下编四十多年，是说得通的，现在对法国革命前那一百五十年已不像过去那样完全弃置不顾，而仍然以一八七〇年为界去分段，问题就不同了。这不仅是时间长短相差太多的问题，一六四〇到一八七〇年的两个世纪以上的时间，在资本主义的发展上变化甚多，合为一编，在认识上是把问题简单化了。

上面提出的几个相互联系的问题，实际并不是课本编者的特殊问题，而是整个史学界的普遍问题，也可说是一种业务思想的根本问题。这个问题不能完全依靠课本来解决，但中学课本如能编得视线概括、认识全面，对于整个问题的解决是可以发生一定的推动作用的。

（原载《历史教学》1956 年第 7 期）

翻译中的小问题一束

自清末开始介绍西学以来，国人无论是翻译西文书籍，或根据西文资料从事编著，时常因观念上的认识不清而发生对于文字的误解。有一些误解根深蒂固，几乎可说已经成为学术界的传统。另外又有些名词与观念，始终模糊不清，没有成为一种错误的传统，因为根本还没有成为传统的资格，大家对这些只是似懂非懂而已。笔者把自己经验中所曾注意到的以上两种现象，愿列举一些例证，就教于翻译界的各位工作者。

一、"德意志"与"日耳曼"

因为英文中对古代的日耳曼与近代的德意志，都称为 Germany，对古代的日耳曼人与近代的德意志人都称为 German，所以在我们中国懂得外语的学术界绝大多数人只懂得英语的情形下，就无形中发生了一种错误的认识，以为近代的德意志就等于古代的日耳曼，今日的德意志人就等于古代的日耳曼人，在翻译的或编著的西洋史书中，于是也就往往称中古与近代的德国为日耳曼。许多人好似认为"德意志"是一八七一年俾斯麦帝国成立时才创的新名词，前此是清一色的"日耳曼"。这是与事实全不相符的想法。"德意志"一词，到今天已有一千年以上的历史，并且一千年以来，中欧那个最大的民族一向自称为德意志人，在政治机构的组织上也总是自称"德意志"，向来没有称过"日耳曼"。我们把一千年以来，在中欧那一大块土地上所曾有过的政治组织，列表如下，德英中三种文字对照，就可一目了然（德文名词后，附列年代）：

德　文	英　文	中　文
(1)Das heilige römische Reich Deutscher Nation (962—1806）	The Holy Roman Empire of German Nation	德意志民族的神圣罗马帝国
(2)Der Deutsche Bund (1815—1866）	The German Confederation	德意志邦联
(3)Der Norddeutsche Bund (1866—1871）	The North German Confederation	北德意志邦联
(4)Das Deutsche Reich (1871—1918）	The German Empire	德意志帝国

上列四种名称，第二三两种，虽然有例外，但多数的中文西史书中都把"德意志"写为"日耳曼"，或两词随便混用。第四种名词，因为眼前的德人的确以"德意志"自称，所以多数的书中都写"德意志"，但仍有少数的译者或编者，把这个帝国也称为日耳曼。至于第一个名词，因为在英美人的作品中很少引用全名，普通都只写为 Holy Roman Empire，所以中文书中也就只有"神圣罗马帝国"。"日耳曼民族的神圣罗马帝国"一词，幸而因为没有英文为依据，所以在中文书中尚未出现。

德意志（Deutsch）一词，初见于九世纪，当时中欧的一些日耳曼部落的人，开始感觉到他们的语言与东方的斯拉夫系统的语言及西方的拉丁系统的语言都不相同，于是开始称他们自己的语言为 Deutsch，不久也称说这种语言的人为 Deutsch，这可以说是最早的，仍然不甚清楚的，德意志民族观念的表现。但到十世纪神圣罗马帝国成立时，此种语言与民族的独特感已经相当成熟，所以在他们国家的正式称号"罗马帝国"或半正式称号"神圣罗马帝国"一词之后，又加上一个非正式的形容词，"德意志民族的"。此后一千年，一直到如今，"德意志"就是这个国家、民族、与语言的专名，始终未变。

但我们不要发生另外一种误会，以为在九世纪以前，中欧这个民族自称为"日耳曼"。从古至今，向来没有任何一种人曾经自称为日耳曼人。在九世纪以前，中欧所有的是许许多多的部落，每个部落各有专名，但部落与部落之间并无机构上的联系，所有的部落合起来也无总名。"日耳曼"一词是古代的高卢人（今意大利北边与法国地方的古民族）给这些部落起的总名。高卢人最早与中欧的这些部落发生接触，发现他们互相之间的语言与风俗习惯大同小异，于是给他们起了一个总名，其当初的取义已不可考。罗马人，无论是在空间上或在认识上，都是经过高卢而与中欧发生接触的，所以也就从高卢人接受了这个名词，在拉丁文为Germania。今日欧洲各国又都经由拉丁文中，学得这个名词；连今日德文中的"日耳曼"一词，也是由拉丁文学来。一直到九世纪时，各种日耳曼人仍是各拥专名，也始终没有接受外人给他们起的总名。适在此时，集中在中欧的一些日耳曼部落开始自称为"德意志人"。较比略晚，其他的一些日耳曼部落开始自称为丹麦人、瑞典人、挪威人、英格兰人等等。至于"日耳曼"一词，如上面所讲，原由外人所创，到了中古与近代，在欧洲各国都成了学术上的名词，特指日耳曼体系的语言而言，就是德、丹、瑞、挪、英、荷各种语言。今日欧洲各种文字中由拉丁文 Germania 一字变化出来的字，除指古代史上中欧的那些部落外，都只有此种专门学术的意义，一个未受教育或只受过很浅的教育的欧洲人（包括德国人在内），根本不认识这个字。读到近代的"德国"与"德国人"，各种语言都另有专字，西欧唯一重要的例外就是英文。但英国一个没有知识的人，根本不晓得有所谓"日耳曼"，他用 German 一字时，心目中是指的眼前的德国人，没有意义不明处。一个知识高的英国人，对于日耳曼与德意志的分别，认识的相当清楚，两种概念虽用同一个字表现，但也不致发生混乱或错误。这与我们中国的情形不同：我们是因根本的认识不清而把"日耳曼"与"德意志"两词混用与乱用，以致在许多人脑筋中造成一种似是而非的模糊印象。

我们上面讲了这一大篇话，并不完全是为的清算旧日的一笔糊涂账，也是为今后着想。我们现在已开始注重俄文。事有凑巧，在这一点上俄文是与英文一样的。在俄文中，古代的日耳曼与今日的德意志，都称为 Германия，这是一个字母不变的由拉丁文的 Germania 对拼而来。"德人"与"德语"，在俄文中还另有一字表示，但Германия 的变格字有时也可与这另一字互用。所以大家在学习俄文之初，最好就注意此点，免得把学英文时所造成的错误，到学俄文时仍然原封不动的保存下来！

（原载《翻译通报》1950 年第 1 卷第 4 期）

翻译中的小问题一束（二）

一九五〇年，五十年代，及其他

今年是公元一九五〇年，我们也时常讲到五十年代，但一九五〇年在所谓五十年代一个概念中所处的地位，恐怕在有些人的脑筋中并没有太清楚的认识。实际在欧洲各国的文字中，对于一个世纪的每个十年，有两种不同的说法，而这两种不同的说法，大致的意义虽然相同，严格的讲来，上下却都交错着一年。例如一九五〇年，就所谓五十年代的说法来讲，是五十年代一词所表示的十年中的第一年，而就另一种说法来讲，却是一个十年单位中的最末一年。为清楚起见，我们列表如下，在西文中举英俄两种文字，与中文译名并列，并在第（1）类的英文名词前附列各种欧洲文字所同有的阿拉伯数目字的写法，以醒眉目：

公元年份 （二十世纪）	英　文	俄　文	中文译名 （或拟名）
（一） （1）一九〇〇至一九〇九 （2）一九〇一至一九一〇	1900's: The nineteen hundreds	［Тысяча］ Девятисотые годы	一九〇〇年代 一九〇〇年代（拟名）
	The first decade ［of the twentieth century］	Первое Десятилетние ［двадцатого века］	［二十世纪的］ 第一旬纪（拟名）
（二） （1）一九一〇至一九一九 （2）一九一一至一九二〇	1910's: The nineteen tens	Десятые годы ［двадцатого века］	［二十世纪的］ 一十年代（拟名）
	The second decade ［of the twentieth century］	Второе Десятилетние ［двадцатого века］	［二十世纪的］ 第二旬纪（拟名）
（三） （1）一九二〇至一九二九 （2）一九二一至一九三〇	［1920's: The twenties］ ［of the twentieth century］	Двадцатые годы ［двадцатого века］	［二十世纪的］ 二十年代（拟名）
	The third decade ［of the twentieth century］	Третье Десятилетние ［двадцатого века］	［二十世纪的］ 第三旬纪（拟名）

关于上表中所显示的问题，我们下面可依表中的次序逐条讨论。但在逐条讨论之前，我们先谈一个整个的问题，就是与"中文译名"栏下所列的"旬纪"一词有关的问题。这是笔者所拟的汉译名词，提出请大家指教。英文中的 decade，俄文中的 Десятилетние，广义上指的是任何一连的十年，在此广义的用法上，除有特殊情形外，我们往往仍可简直了当地译为"十年"或"几十年"，无需另造语法。但此字尚有一个特别的用法，是指的每个世纪整齐均分的十个十年。这个用法，就是上表中第(2)类的用法，无论在英文，在俄文，或在欧洲其他文字中，都不像第(1)类用的那样普遍，所以至今在中文中尚无通用的译名。我们暂拟的"旬纪"或相类的一个译名似乎是需要的，因为如果说"第一个十年""第二个十年"，虽是可通的中文，却不是好的中文。并且在过去，因为这个问题未甚惹人注意，所以在报纸刊物上，有时发生把"四十年代"与"第四旬纪"混为一谈之类的事。我们就上表中所举的各项为例，就可看出，"第三旬纪"大致等于"二十年代"，其中只交错着一年。我们若咬文嚼字，这两者当然也不相等。但两种说法，本来都是为纪年的方便，在绝大多数情形下都是约略的说法，所以我们仍不妨说"第三旬纪"是与"二十年代"相等的，"第四旬纪"是与"三十年代"相等的。但我们行文或说话时，必须把观念弄清，否则在世事瞬息万变的二十世纪，一个数字之差，就可错上十年，实在非同小可。例如我们目前仍然身处其中的一九五〇年，若按第(1)类说法，就是"五十年代"的第一年，若用第(2)类说法，就是"第五旬纪"的最末一年。明年，一九五一年，是"五十年代"的第二年，是"第六旬纪"的第一年。其他以此类推。一九五〇年已至年尾。再过不久，在各种欧洲文字的印刷品中，除今年已开始时常遇到的第(1)类说法，当然译为"五十年代"外,由明年元旦起,我们有时也会遇到第(2)类说法,到那时却要特加小心,千万不要译为"六十年代",以致把自己置身于未来的世界!

下面我们依表逐条讨论。

第(一)(1)——世纪最初的十年,若用数字的说法表示,在所有的欧洲文字中都感到困难。因为若用阿拉伯数目字,两个关键的数目字是两个"零",叫人有无从下手之感;若用大写,关键的字只是一个"百"字,也不知当作如何说法。这都是令人无计可施的难题,所以无论是用阿拉伯数目字也好,是用大写也好,都只有用和盘托出的办法。译为中文,也有同样的困难,就我们二十世纪的最初十年来讲,也只有啰里啰唆的译为"一九〇〇年以下的十年代"。是否有当,请大家考虑。这个名词,在今日的报纸杂志上,很少再有用到的机会;但在各种西文现代历史或国际政治的著作中,还时常遇到,似乎当有标准的译法。(严格讲来,公元一九〇〇年是属于十九世纪的;但这又是咬文嚼字的问题,不必多论。)

第(一)(2)——这个问题比较简单,无可多讲。提到本世纪的第一旬纪时,若由上下文就可清楚的知道是讲的目前的世纪,而非过去的某一个世纪,"二十世纪的"形容语句就可省略。在意义不太分明时,这个形容语句必须加上,以免使读者发生误会,或作不必要的反复阅读。

第(二)(1)——这又是比较复杂的一个问题,英文与俄文的语法稍有不同。在英文中没有"the tens"的说法,必须把全部语句说出,用阿拉伯数目字也必须四个数字齐举。俄文的语法比较灵活,可有英文中所无的省略办法。在此处,中文可以不必依从英文,而照俄文译为"一十年代",与此后的"二十年代""三十年代"等等一气直下。"一十年代"或与它相等的名词，在过去中国的书报上向来没有用过，因为在公元一九一九或一九二〇年以前，中文中还没有采用这种纪年的办法。但这也与上面所讲的"一九〇〇年以下的十年代"一样，至今在西方各国出版的现代史或国际关系的作品中还时常遇到，我们还是需要一个大家公认的译法。

第（二）（2）——无论在英文或在俄文，或是中文的译法，都与第（一）（2）道理相同，说法也相同，无可讨论。

第（三）（1）——这里有上面尚未论到的几点。由此开始，无论英、俄或其他的欧洲文字，就都有简单化的说法，就是等于中译"二十年代"的说法，只有在上下文意义不清时加上"二十世纪的"形容语句而已。在欧语中，若用阿拉伯数目字，普通前面那表示世纪的"十九"两字也都省去。

第（三）（2）——与上面第（一）（2）及第（二）（2），同理同法。

上表只列到第（三）为止，因为自第（四）以下，（1）（2）两种纪年法，就都与第（三）理同法同，不必枉费篇幅去列表或讨论。至于中文，在第（1）种纪年法上，已有流行多年的简便恰当的译名，无可再议；在第（2）种纪年法上，本文所拟的"旬纪"一词，是否妥当，还请大家考虑决定。

"世纪"一词，是通行已久的译自欧语的名词。"世"字原意为"三十年"，在这个译词中引申为"百年"。"旬"字最古的意义为"十日"，但很早讲到月数或年数时就已用"旬"，所以若按中国文字的用法来讲，"旬纪"的译名可说是原有所本，"世纪"反倒是全属新创的引申名词。

论"英伦三岛"

英国人把自己的国土作为一个地理学的名词时，间或用 British Isles 一词，在中文中普通都是把它译为"英伦三岛"。假如一个能读中文的英国人看了这个译名，他将瞠目不知所指，他做梦也不会想到他的国土是由三个海岛组成的。这个译名由来已久，在清朝末年已经流行；在当初并且不是译自 British Isles，乃是由误解而来。当时的"联合王国"，主要的有三个部分，就是英格兰、苏格兰、爱尔兰；当时的人又模模糊糊的知道"联合王国"是一个岛国，所以就望文生义的认为三个"兰"就是三个岛，硬造出这个奇特的名词。而因为我们中国旧日的文人一向喜欢用"三"为不多不少的标准数目字，所以到后来虽然知道联合王国并非三岛，这个音调协和的名词也总舍不得放弃，直到今日仍见于报章杂志中。讲一句老话，这实在是"不可为训"。

联合王国的土地，在第一次大战之前，是由不列颠与爱尔兰两个大岛及许多小岛组成的。第一次大战之后，爱尔兰的主要部分，先是成立自治领，后又成立与联合王国的关系藕断丝连的共和国。到第二次大战之后（一九四八年），爱尔兰已经正式宣布独立，与联合王国断绝一切政治上统属的关系，今日只有爱岛北端的一角尚属联合王国，今日联合王国的土地主要的就是不列颠一个大岛，外边围绕着一些小岛，这就是所谓 British Isles。但无论过去或现在，在一般英国人的心目中，对于自己的岛国都没有一个数目字的概念，没有"三"，也没有任何其他的数目字的想法。如果我们非要一个数目字不可的话，英国人可说是只用单数，勉强可说是等于"一"。他们间或称自己的国为"我们的岛"

(Our Island)，所指的就是不列颠岛。其他的岛都小不足道，除了那些岛上的居民外，一般英国人的意识中很少特别想到它们。像我们中国人这样喜欢把英国与一个数目字，并且是一个错误的数目字，联想在一起的情形，在一个英国人是不能了解的，甚至可说是根本不能想象的。

有人或者认为"英伦三岛"一词既已习用，大家都知道其只为顺口的说法就算了，何必如此认真的辩难？我们撇开知识应当尽可能的认真准确的大道理不谈，专就所谓"大家都知道"一点而言，已经大有问题。不必说一般读书或入学年时较浅的人，由每年大学入学考试的地理试卷中就可知道，大多数高中毕业生的地理知识是贫乏错乱到如何惊人的程度。如果有人有此兴致，不妨选择一个人数较多知识较高的团体，作一次测验，看看有百分之几的人知道所谓"英伦三岛"的底细，恐怕脑中认为欧洲西北角（或模模糊糊的某一方位）真有一个国土由三个海岛合成的国家的人，并不在少数。旧日的文人，为作诗作文时用典的方便，造出一大串牵强附会以"三"为准的名词，尚无大害。今日这个"英伦三岛"的"三"，恐怕却要负不少误人的责任；为避免恶劣影响长此继续，我们最好是永远不再说不再写"英伦三岛"。

还有一点。我们不要只想英文或其他西文译成中文的问题，也要想中文译成英文或其他欧洲文字的问题。我们自撰的文字中，也常常见到这个"英伦三岛"的名词；无论是一个通西文的中国人或通中文的西方人，如果要把它译为任何一种欧洲文字，请问我们要叫他如何译法？所以左思右想，我们最好还是决心割爱，放弃这个音节铿锵的名词！

British Isles 一词，笔者认为可以译为"不列颠列岛"或"英伦列岛"。"列岛"与"群岛"两词，意义相同，但使人发生的感觉却不相同，"群"叫人感到是多于"列"的。因为British Isles体系中的岛数并不很多，译为"列岛"，比较恰当。

附　论

本文第一则(德意志与日耳曼)在本刊第四期发表后，承袁昌英先生对"日耳曼"命名来源的问题提出商讨(本刊第五期第十二页)，笔者非常感激。对于袁先生提出的一点，谨简单奉答如下：

(1)袁先生所提出的意为表亲的法文字 germain，在英文中及欧洲多数属于拉丁体系的语言中也有，都来自拉丁文中的 germanus 一字，为"同胞兄弟姊妹"之意。

(2)在古拉丁文中，除第一字母大写或小写的分别外，这一个字同时有"日耳曼人"与"同胞"两个完全不同的意义。

(3)古拉丁文中"日耳曼"一词的来源，是欧洲学者曾作过不少专门的反复讨论的一个问题。这种讨论的性质与过程，此处无需介绍。总的结论可分两方面讲：积极方面，认为是来历不明；消极方面，认为同一字的大写与小写，只是一种巧合，并无任何字源上的关系。这种情形，在所有的文字中，尤其是在拼音的文字中，都是可以遇到的事。或出偶然，或出误会与附会，两个字极相近似，甚至完全相同，而实际毫无关系。

(4)袁先生所想到的，无意中与古人不谋而合，远在二千年前罗马人就已感到此事的可怪。在古典拉丁文的作品中，就已有人把这大写与小写的两个字，作为行文时的谐语去应用。

(原载《翻译通报》1950 年第 1 卷第 6 期)

翻译中的小问题一束（三）

翻译中的分位制与命数法

　　我们中国一向在写比较大的数目字的时候，是采取四分位制，欧美各国则采取三分位制。这是因为我们的命数法大致每四位一变：西洋大致每三位一变的原故。自与西洋交通后，我们的政府机关与银行商行，两制并用，时常发生混乱。为避免此种混乱现象，并符合国际习惯，中央人民政府财政部已于一九五〇年四月下令，规定由五月一日起全国一律采用三分位制，多年纷乱不决的问题至此得到最后的解决。我们现在不要再谈这个问题，而是要谈与此有关的欧洲文字命数法中几个大的命数词在翻译时容易引起错误的问题；这种错误，最少一部是与分位制的不同有关的。为讨论方便，我们先列表如下，然后再依表加以解释：

中国	百十【兆】,千百十,【亿】千百,十【万】千,百十个
欧美	百十【T】,百十【B】,百十【M】,百十千,百十个
英国	百十【B】,（百十／千千）千,百十【M】,百十【千】,百十个

注：M=Million.

B=Billion.

T=Trillion.

□内字为数名词，与后面各位大数连用。

　　表中第一行是按法定命位制写出的中国现行命数法(过去曾有各种不同的大亿小亿与大兆小兆的说法,与本文所谈的目前实际的问题无关,一概从略。在本文中我们只依现行的办法命数)。至于西洋,在相当于我们中国的"亿"以前,各国的说法都完全一致。自此以后,就有所谓"大陆制"与"英国制"的分别了;北美合众国采取的是欧洲大陆的办法,所以"大陆制"又可称为"欧美制"。我们的"百万",欧洲文字中称为million(此字在各种欧洲文字中的写法,大致相同;在俄文中,除字母的形象外,拼法也一样)。一千个 million,就是我们的"十亿",欧洲大陆与美国称为 billion;但在英伦,就只称为一千 million。英伦的 billion,是一百万与一百万相乘之数,等于我们的"兆";在大陆与美国则称这个数为 trillion。英伦又另有 trillion,那数目就更大了;但这个大而无当的数目,除在极度专门性的自然科学的特殊场合,很少用到,可以不论。我们现在要提出请大家注意的,就是由欧洲各种文字翻译时,如遇到这类的大数目字,应当特别慎重,以免误译:

　　(1)过去报纸刊物中,误译 billion 为"亿"的例,时常发生。过去此种情形发生时所根据的外国文字,几乎都是欧洲大陆的一种文字或美国人写的英文,billion 当译为"十亿"。分位制与命数法本是一气相通的。在与欧美的三分位制相应的命数中,billion 是一个三分单元的起点;而在中国旧日的四分位制中,"亿"是一个四分单元的起点,所以偶一不慎,就容易把两者相混。这种起点的字,可说是独立的"数名词",此后的"十"与"百"(欧美)或"十""百"与"千"(中国),就文法讲,等于形容词,是形容这些独立的"数名词"的。

　　(2)在不列颠人所写的英文中,billion 一字很少遇到。但假如偶尔遇到的话，我们就须特加小心，当把它译为"兆"，我们接触英文的机会相当多，每在英文中遇到此字时，就必须查明撰者的国籍，否则就有发生极大错误的危险。

（3）如果遇到 trillion 一字，那恐怕一定是欧洲大陆或北美合众国的人写的，也译为"兆"。但假如是英伦人的作品，那就大伤脑筋了，因为我们中国目前还没有相当于英伦的 trillion 的通行命数词。好在这只是一种经院式的讨论，实际上大概不会发生这个问题。

因为我们时常翻译外国文字，又因为在外国文字中时常遇到大写的或用阿拉伯数目字写的较大数字，再加上我们中国传统的命数法与现行的三分位制不能完全恰合，而西洋世界又有两种相差甚大的命数法，笔者建议像上面那样一个命数与分位对照表，今后要在各种常用的工具书、表册、历史、辞典、日记簿、账簿一类的印刷品的前面或后面，大量印制，叫经常从事翻译工作及经常与大的数字打交道的工作人员，随时可以参考，以免发生错误，更可免每次都要统一番脑筋的痛苦。

补论纪年名词译法

本文第二则（见本刊第一卷第六期）商讨西文纪年名词的翻译问题，所论限于以十年为单位的两种说法。此外在欧洲各种文字中还有一个名词，为纪千年单位时所用，在英文为 millennium，在俄文为 тысячелетие。这个名词，在过去的中文中也有一个被忽略的问题，在最近出版的有关考古学的翻译品中，有人就把它简单的译为"千年"，而称"第一千年""第二千年"等等。这也与我们从前讲到十年单位时所说的一样，"第一个十年"或"第二个十年"，是可通的中文，却不是好的中文。若无太大的困难，我们似乎应当另创新词。译为"千年"不妥，可从两方面讲。

第一，"千年"一词在我们脑中所引起的是一种年数的意识，而非年代的意识：它叫我们想到的是年数的多少大小，而非年代的先后远近。这个名词有时虽然也作为计年数之用，正如"世纪"与"旬纪"也有时作为计年数之用一样，但在多数的情形下是纪年代而非计年数的。为避免使人印象模糊混乱，最好是另想办法。

第二，译此词为"千年"，曾引起较比把我们主张译为"旬纪"的一词译为"十年"尤为麻烦的一个问题，那就是一个世纪不会多过十个十年，勉强说"第一十年""第二十年"等等尚无大碍，只有"第十十年"令人稍觉可怪。但这个千年单位的名词，虽然在公元后也用，例如我们现在是生活在公元后第二个千年的末尾，但此词用得最多的是在上古史、人类学与考古学中，所牵涉的绝大部分都是公元前的事。公元后，至今尚未满二千年，但公元前的年数是多至不可胜数的。在范围大部属于公元前的几门学问中，往往在提到几万年几十万年前时，也用我们现在所讨论的这个名词；假如提到公元前一万五千年到一万四千年之间的一千年时，我们无论说"公元前第十五千年"或"第十五个千年"，都不仅费舌绕口，并且也使人印象含混，就文字讲，也只能说是很恶劣的中文。我们中国在全世界恐怕是考古学的一个最大宝库，此方面发展的前途不可限量，将来用到这个纪年名词的机会一定很多，我们必须有一个面面顾到的新创名词。

笔者认为此词可译为"仟纪"，一方面躲开通用数目字的"千"字，一方面与"世纪"及"旬纪"协和，一致用那个中国自古以来纪年时所最通用的"纪"字。是否有当，请大家考虑。

这个名词有时泛用，所指的只是千年的数目，而非纪年中整整齐齐的千年单位；在这种情形下，我们当然只译为"千年"或"岁千年"就可以了。

（原载《翻译通报》1951 年第 2 卷第 1 期）

翻译中的小问题一束（四）

基督教、天主教及其他教会团体的译名

近来因宗教界也参加了抗美援朝保家卫国的全国性爱国运动，报纸刊物上时常见到由欧美传来中国的各种宗教团体的名称，另外也有一些一般性的评论分析宗教或教会的文章，至于历年来在世界史、期刊或其他印刷品中提到欧美宗教名称的，当然更多。但无论过去或今日，在这许多名词的运用或翻译中，都有不少混淆不清或根本错误的现象发生。本文拟将比较基本的常见名词清理一番，希望今后再用这些名词时，能够比较正确。

首先，可谈资格较老的"天主教"。这个名词并非译名，而为明末在罗马教皇支配下的传教士所特创的新名。他们不愿承认中国自古就有的"上帝"与他们的尊神相等，所以采用中国古书虽有而不通行的"天主"一词作为他们神的尊号（见《史记·封禅书》），而称他们的教为"天主教"。由明而清，而民国成立，前后三百年间，名称未变。近些年来，中国的天主教才又开始根据他们正式教名中所用的希腊文与拉丁文的主要形容词 catholicus 一字，而译为"公教"与"公教会"，间或也加上"罗马"一词而称"罗马公教"。但这个名词，除在这个教会内部使用外，在中国一般社会并未流通，连教徒自己普通也仍自称为"天主教"。在中国民间，有时又称它为"罗马教"。因为在清朝末年与民国初年，法国人在这个教会中势力特大，所以民间又称它为"法国教"。很有趣的，就是这个教会的中国名称，几乎都不是直接的译名，而唯一

正式译名的"公教"又始终未能流通。

宗仰耶稣的原始宗教，自中古初期在欧洲就因政治势力的封立而分东西。我们上面所讲的公教或天主教，是西欧的教会，东欧的教会以希腊文拉丁文所同有的 orthodoxus 一字为正式教名的主要形容词，就是"正教"的意思，因为整个中古时代这个教是以希腊为重心，而正式文字又是希腊文，所以又称"希腊正教"。这个教会有时又半正式的自称为"东正教"，虽然以罗马为中心的教会向来不自称为"西公教"。希腊正教在中国势力不大，不似天主教的遍地设有教堂。中国最著名的希腊教教址是北京东直门内在清初由俄罗斯人设立的教堂，至今北京人称它为"俄国教堂"。在清朝末年帝俄在东交民巷设立公使馆后，北京人又以方向而称教堂为"北馆"，称使馆为"南馆"。我们如果翻译清末中俄关系的中文文件为俄文或其他欧洲文字时，可能遇到这类名词，届时或直译或意译均可，但若直译，就必须下注解，否则欧洲人读了一定不知所云。

在北京以外，今日在中国有希腊教堂的，除东北外，只有少数比较重要的城市，如天津、青岛、开封、烟台、上海等，信徒很少是中国人。

希腊正教与中国关系较浅，在中国历史上留下较多痕迹的是罗马公教及由此教分化而出的今日所谓"基督教"。"基督教"一词是由拉丁文的 Christianitas 翻译而来，这个字又来自耶稣的神号，就是由希腊文转来的拉丁字 Christus。这个名词，天主教到中国后音译为"基利斯督"，至今天主教会中仍如此称呼。但天主教在中文中却不用"基利斯督教"一名。就中国的天主教而论，拉丁文的 Christianitas 与近世欧洲各种文学中由此字变形而出的同一个字，并无正式的中文译名。进入十九世纪后，十六世纪以下由罗马公教分化而出的各种新派的教会也开始来中国传教。他们到中国后，在传教的方法上与术语的翻译上，部分的采取了天主教现成的一套。至于"基利斯督"这个天天要用到的名词，他们感到太长，为符合中国的习惯，他们去中段而留头尾，简称"基督"。在中国的翻译史上，这倒是有例可援的，汉魏以下中国翻译佛教的经论，遇到太不合乎中国味道的长名词时，常常采用此法。例如由原音译为"阿罗汉"的简呼为"罗汉"，由原音译为"菩提萨埵"的简呼为"菩萨"，都属此头。但中国的天主教对于新来人的作风，大不以为然，一百五十年来始终不肯接受这个"基督"的简称。这就牵涉到这些新派的公同名称的问题了。

这些新派自十六世纪与教皇决裂后，用一个拉丁文的名词，称 Protestantis，就是"抗议者"的意思。此字稍微一变，进入欧洲所有的文字中，四百年来甚为通行。在中国，各新派教会方面对此字并无正式的译名。我们中国的西洋史或其他与西洋有关的作品中，一向总称这些派为"新教"与仍然宗奉教皇的"旧教"对称，间或也译为"耶稣教"。新旧之称，意义甚为显明，最少在历史书上如此用，也甚恰当，不必多论。"耶稣教"一词，正与"天主教"一样，完全是创词，而非译名，在古今任何一种欧洲文字中也没有与它相当的一个名词。此词似于新教各派传入中国不久就出现，初创者为何人，已不可考，其当初取义如何，亦不可解。以"天主"为教名，最少有一时宗教立场的渊源；至于耶稣，是新旧各派所公同信仰的对象，传到中国后"耶稣"忽然成了新派所专有的教名，甚觉可怪。笔者猜想，这并非新教内部的人所定的名称，而是根本不信任何欧洲宗教的中国人士，由于一时的误会与误解而起此名。后来新教内部的人觉得这个名词也还不错，于是也间或引用。无论如何，这个来历不明意义不清的名词竟尔通行，一直到抗战以前未变。

抗战时期，无形中生变，这个变化今日成熟，就是把应当概括一切，在中国历来翻译或编著的西洋史或与西洋有关的作品中一向也认为是概括一切信仰耶稣的教会的公同类名的"基督教"，用为新教各派的总合名称。对此情形，中国的天主教会恐怕要负反面的责任，因为它不肯接受"基督"一词，所以新教也就乐得专有历史上全教的总名。这都是历史实际演变的结果，我们对此没有任何意见。但与翻译有关的，就是我们今后在中文的译品、编著、报纸、刊物中如果遇到"基督教"一词，就必须看上下文才能知道它是泛指一切宗奉耶稣的教会，或是专指十六世纪以下在西欧由罗马公教分化而出的新教而言；若不小心，就会发生错误的了解。在译中文为西文时，如遇到基督教一词，尤须揣摩周详，以免误译。

"耶稣教"一词，今后似乎渐要作废，但另有一个形象非常近似而意义大不相同的名词，就是"耶稣会"，我们却要特别注意。这是十六世纪宗教改革时代罗马公教内部所成立的一个与新教斗争的新型修道会，在近四百年罗马教的历史上占非常重要的地位，如果说要认识近代的罗马教，必须由认识耶稣会作起，也不为过。这个修道会的正式名称为拉丁文，Societas Jesu，过去我们的译著以及报纸杂志中，对此词的译法，庞杂错乱达于极点。据笔者经验所及，"耶稣教""新教""耶稣教国"等，都曾有人译过，耶稣会的会士也就时常被译为"耶稣教徒"。近至一九五一年一月的报纸刊物上，仍有此类的错误。上举各译名中，除"耶稣教国"使人迷惑，不知所指外，其他的译词都只能说是大误，因为那几个中文名词在习惯上都有另外全不相同的意义。"耶稣会"的名称，早在明代就已见于中国的史籍，近代历史上最早到中国传天主教的利玛窦等就是耶稣会的会士。过去一百年在中国传教的天主教教士中，耶稣会士也占极其重要的地位。会士的正式西文名称，是一套长的拉丁名词，我们任何的翻译工作者大概都没有遇到的机会。外人称会士为 Jesuite，这本是法国人造的一个含有恶意的名称。但此词流传甚快甚广，除了会士自己始终不用外，此字早已成了通用的名词。

本文在上面所提出的各种希腊文、拉丁文或法文的正式名词或通用名词，稍一变形之后，都进入所有的欧洲文字中，通晓任何一种西文的人，都一见就可认识。

如开始时已经讲明，本文只谈几个比较根本的常见名词，至于除各教会本身的文件中很少遇到的基督教（新教）各派的名称与译名，一概从略。因为这类派别，在西欧北美不下二百种，其中传来中国的也在百种左右，实在是举不胜举。它们都是全部或大都来自英美的，正式的西文名称都是英文。假若从事翻译工作时，竟然意外的遇到这类名词，无论是中译外或外译中，只有随时请教专家或耐心的去查专书，恐怕任何人都很难事先对此有所准备。

（原载《翻译通报》1951 年第 2 卷第 3 期）

外国史译名统一问题

我们学习外国史，一个困难就是人名地名与专门名词的不易习惯。译名即或正确与标准化，最少在专名一点上，外国史是较本国史要使读者多费一番脑筋的；而多少年以来，除极少数可说是尽人皆知的名词外，外国史上的人地与专名始终是听由每个译者自行决定，通晓外国文字的人读了已常有迷惑之感，不懂外国文字的人自然会把一人认成两三个甚至更多个不同的人。在我们有计划的从事翻译事业的今日，翻译界的这一苦恼应当设法克服。这倒不一定要由实际从事翻译的同志来做，因为他们不见得有此余暇：这是费时费力而表面上不太见功效的一种工作，若有一个全国性的机构来主持，或可较易早日完成。

这个工作，须要按时代分为三部来做，就是中古与近代，希腊、罗马，埃及、巴比伦等三个部分，每部各成单位，各有特殊的情形，各需特殊的文字知识。其中范围最广，同时能参加工作的人也最多的，就是中古与近代的一段。这一段所需要的文字知识，主要的为西欧的英法德文，东欧的俄文，与中古以下的欧洲国际语拉丁文，就是普通的所谓中古拉丁文。每一个名词都将五种文字并列，另备一栏"原文"，为原名不属上列五种文字之一时使用。此外有"旧译""拟译"及"注释"三项。举例如下：

英	法	德	俄	拉丁	原文	旧译	拟译	注释
Vienna	Vienne	Wien	Вена	Vindobona Vienna	——	维也纳	维也纳	见下）
Geneva	Geneve	Genf	Женева	Genava	——	日内瓦	日内瓦	见下）
Spain	Espagne	Spanien	Исnания	Hispainia	Espana	西班牙	西班牙	见下）

以上三词的"注释"一栏，所需篇幅较多，表格中地位不足，兹特补充说明如下：

"维也纳"之名，就近代史言，当然以德文为原文。但此城为古罗马帝国盛期北疆的边镇之一，当时称为 Vindobona。罗马帝国衰乱后，日耳曼人在德意志建起一个新的局面，在这个新局面之下，这个城又成为德意志东南疆的一个重镇，改称为 Vienna。近代英俄两种文字中，仍保存中古以下拉丁原名的拼音，德文法文都起了变化，把拉丁原名的尾音去掉。我们自清末以来就有的"维也纳"的译名，本是译自英文，当时并不晓得这正与更古的原文拉丁文相合。这也算是一件巧事。法文称维也纳为 Vienne，同时法国本国境内有一个城也用此名。所以在法文中如遇到此词，我们必须根据上下文，方能断定它所指的是奥国的城或是法国的城。

"日内瓦"也是根据英文的译名，也是逢巧与拉丁文相合，而与瑞士都承认为国语的法文德文反不相合。

"西班牙"的译名也来自英文，但这个译名不妥，因为它与英文的音也不完全相符。清末时这个国名本有"日斯巴尼亚"与"西班牙"两个并行的译法，最后第二译法完全胜利，今日知道第一译法的人已经很少。第一译法合乎西班牙文的原音，也合乎更古的拉丁文原音。近代重要语言中，只俄文的拼法与西班牙文及拉丁文相近，英文与原音距离最远，而我们今日通用的译名恰是来自英文，再加上西班牙文的尾音"西班"已足相当于英文的 Spain，"牙"为拉丁文与西班牙文所同有的尾音。但这个杂凑的译名通用已久，没有更改的必要。

以上是中古近代部分的例。希腊罗马部分，名词本身比较简单，就人名地名言，希腊文与拉丁文在多数情形下或完全相同或大同小异。每一人名地名，只把希腊拉丁文的拼法列出即可，希腊文的字母也不妨拉丁化，因为认得希腊字母的人实在太少。另外可排列英法德俄四种文字的拼音，以便参考。最后也有"旧译""拟译"与"注释"三项，提供每个名词的基本知识。

在近代四种重要的文字中，英文德文保留希腊文拉丁文原音的成分较多。例如希腊三大哲学家 Socrates、Plato、Aristoteles 及罗马的大诗哲 Lucretius，德文完全维持希腊文与拉丁文的原字原音，英文只在"阿里斯多德"一名上小有改变。法文几乎把每个名词都加以或大或小的变更，与希腊拉丁的原文距离最远。在此点上，俄文介乎英德文与法文两者之间。

最后，关于古埃及巴比伦等所谓近东中东的古代，问题最为复杂。这些古国的史实，虽然绝大部分是近代考古发掘后才发现的，但人名地名却多是古希腊人已经知道的，他们把这些名词都"希腊化"，拉丁文中吸收了这些希腊化的古名，近代欧洲文字中的古国专名，几乎都是由希腊文拉丁文照拼或改拼而来，与实际的古音都有距离，有时可以远到几乎互不相干的程度。我们现在仅以大家共知的三个古国的名称为例，就足可说明问题的性质：

希腊,拉丁	原名	旧译	拟译	注释
Aegyptus	Kemet	埃及	埃及	(见下)
Babylon,Babylonia	Babilu	巴比伦,巴比伦尼亚	巴比伦	(见下)
Assyria	Asshur	亚述,亚西利亚	亚述	(见下)

古埃及的原名 Kemet，就是希腊拉丁文中的"gyptus"，p 与 m 都是唇音，极易互转，g 与 k 更是接近了。Ae（中文的"埃"）的音是希腊人附加的，古今的埃及人都无此用法，今日在语言文字上已经阿拉伯化而在宗教上自成一派的埃及基督教徒，仍自称为 Kibt（英文 Copt），就是五千年前已经通行的 Kemet 一字的今音。近代欧洲文字中的"埃及"一词都来自希腊文与拉丁文，中文

的译名间接也来自这个渊源，无需再改。

“巴比伦”一词，希腊文与巴比伦古音相差不远，只第三音稍有不同，中文的译名也是同样的来自希腊文。但希腊文中有两个相关的字，城称 Babylon，全部的国土称 Babylonia。这是希腊人的说法，巴比伦人自己并无此种想法。古代，城即国，国即城，连罗马帝国到最盛最强最辽阔时，整个的国家也仍是以罗马城为名，并无其他的说法。中国本只有“巴比伦”一个译法，抗战前不久，忽然有人主张再加上“巴比伦尼亚”一个译名，其实不如译为“巴比伦国”或“巴比伦地”，远为恰当。并且无论古希腊人或今日欧美各国的人，用这两个字时都非常随便，虽尚不致称城为 Babylonia，却时常称国为 Babylon，我们中国人若太拘泥于表面的文字，很易发生混乱，甚至发生错误。

“亚述”一词，问题最大。这本是没有问题的，清末早已有与原音相符的“亚述”译名。也是在抗战前不久，忽然有人在没有问题处制造问题，根据英文（并不知道自己等于是根据希腊文）译出“亚西利亚”。这是绝对要不得的，我们必须恢复“亚述”的旧译名。

将来列表，在这些古名词的表中，也当列入英法德俄的拼法，以便参考。

我们以上为简单起见，只举人名地名为例，文物制造及历史上的其他专名，问题更为复杂，不在此多赘。

本文以上所谈的问题，将来实际做起来，必须许多人合作方可。除以北京为中心组织委员会筹划一切并作为联系机构外，必须请全国各地的外国史专家贡献资料与意见，汇齐后编印初稿，再由各方批评讨论，方能定案。定案之后，设法推行全国，庶几可以解除学习外国史时一个不必需的名词混乱的痛苦。

我们以上所讲的外国，是较为广泛的西洋；但虽是广泛，也未概括中国以外的整个世界，特别像几千年来的印度与近世的东南亚及南洋各国，也需要专家做专门名词的整理工作。

（原载《翻译通报》1951 年第 3 卷第 2 期）

翻译与注释

　　翻译工作的目的，是把外国文字的作品介绍给本国的读者。既然介绍，就要彻底地与负责地介绍，不能只顾自已了却任务，而不问读者能否接受，或能接受到如何的程度。解放以来，大家讨论翻译问题，对不负责的翻译品已经指摘甚多，但一般地都只注意翻译本身的是否正确或恰当，好似认为只要翻译得当，翻译工作者的责任就算尽了。实际恐怕仅能说初步的责任算是尽了，全部的责任还有未尽。许多外国的作品，因历史背景与我们不同的关系，只看本文，不论译得如何恰当，一般读者往往还是不能全部地或透彻地读懂，在有些地方，非下注解不可。此种情形，愈是重要的作品愈为显著，经典作品更是如此。

　　解放以来，大家读马恩名著的译品或其他重要马列主义著作的译品，时常感到苦索不解，除译者文字能力有问题外，未曾加注也是一个很重要的原因。我们现在拟举恩格斯的《德国农民战争》一书为例，所根据的是钱亦石译本，解放社一九四九年五月版。此书乃由英文译本翻译而来。对钱译本，我们不想评论，此书必须重译。我们仅是用此译本来解释翻译须加注解的道理。

　　圣经典故的例——译本第三十四页，讲到路得责教皇为首的教会领导机构为"罗马梭当 Roman Sodom"。此处当加注如下：

　　Sodom 一字，原希腊文与拉丁文根据犹太古音，写为 Sodoma，中文圣经中译为"所多玛"，乃古城名。据犹太传说，此城的人罪孽深重，无可挽救，最后被上帝降天火焚毁。此后犹太人，以及后世的西洋人，称一国，一地，一城，或一机构为"罪恶渊薮"时，往往指为"所多玛"。当时教皇以及教会一般的高级人员荒淫腐败，不堪言状，引得路得对他们如此咒骂。所多玛城的故事，见基督教圣经旧约创世纪第十八第十九两章。

希腊罗马神话典故的例——译本第三十六至三十七页，恩格斯批评十九世纪德国中等阶级的作风，说他们"企图操纵于革命派的斯西拉（Scylla）和复辟派的加列勃底（Charybdis）之间"，此处当注：

Scylla 为意大利海岸的一大礁石，Charybdis 为对面西西里岛海岸的一大漩涡，两者间为极狭的海峡，古代航海家视为畏途，荷马史诗中已将此两物人格化为害人的海怪，此后希腊罗马与后世欧洲的文学作品中时常用"在 Scylla 与 Charybdis 之间"的典故，意为"腹背受敌，危险万状"。其文意有似中文的"进退维谷"，但含意远较"进退维谷"为重。

历史典故的例——译本第九十二页，恩格斯称大事屠杀革命农民的一个贵族为"农民战争的亚尔巴（Alba）"。此处当注：

Alba 又作 Alva，乃十六世纪西班牙的一个贵族军人，十六世纪晚期曾率西班牙军队压制荷兰人民的反西革命，对荷兰人民大事屠杀。此后欧洲作者若指一人为"杀人魔王"，时常称他为 Alba。

时事典故的例——译本第一百六十六页，讲到十九世纪中期的奥地利帝国的一句话，译者译为："他们愿意依靠谁，德意志呢？或是它特别繁杂的附庸呢？"此处为误译。"繁杂"一词的原文，英文为 Transleithanian，德文原文为 Transleithanisch，当译为"莱塔河外"，并加注：

> 十九世纪的奥地利帝国，主要地分为两部，西部以奥地利本部为主，东部以匈牙利为主，中间隔着一道河，名"莱塔"(Leitha)。当时奥国本部的德意志人，站在自己的立场，称奥地利部分为"莱塔河内"(Cisleithania)，称匈牙利部分为"莱塔河外"(Transleithania)。

《德国农民战争》，在恩格斯的作品中，是比较难读的一种，需加注解的恐怕不下百处，可能还不只百数。如此重要的一本作品，重译时必须注意到这个事实。但翻译如不可草率，注释尤其不可轻易从事。例如，偶然加注的钱译本的第三页，正文的第一页，就有误注。译者对"世俗贵族"一词加注如下："'世俗'即'非宗教'的意思。世俗贵族就是那些不信仰宗教的贵族。"这个注，实在对不起读者。西欧中古时代的封建领主，有的是教会教士兼领的，有的是无宗教专职的人世袭的，这第二类就是译者所谓"世俗贵族"。中古的欧洲，没有一个人不信仰宗教，最少没有一个人敢说自己不信仰宗教，在读者的心理中，注文的权威往往超过本文，误注的影响较无注尤为严重。我们从事翻译的同志，除非真有十足的把握，努力翻译尚可，绝不可轻易加注，但就翻译的道理而论，翻译时加注，是我们翻译界应当追求的一个理想。

（原载《翻译通报》1951 年第 3 卷第 4 期）

由翻译史看翻译理论与翻译方法

由全部人类历史上看，翻译，较大规模较有计划的翻译，只有一个目的，就是介绍新的思想。无论为什么原因，甲种文字地区认为乙种文字地区有大批的，成套的作品，其中含有甲区的人所急于要吸取的思想，技术与经验，在此种情形下，甲区的人必学习乙区的语言文字，少数精通外文的人必从事大规模而有系统的翻译。

以上是就历史上所见到的翻译目的讲。再进一步，就翻译所发生的作用讲，在历史上所见到的有两点。一、即当初介绍思想的目的总可达到，一种适合需要的新的思想假借翻译可以介绍过来。并且接受新思想的民族，一般地不会只是机械地吸取，吸取时必有选择、批评与去取，最后并自己有自己的创造与发挥，结合自己特殊的历史，具体的情况，与独有的需要，把一种由翻译而介绍过来的新思想发扬光大，使它彻底变成自己的新思想。二、系统翻译的结果还有当初所未想到而事实上必定达到的一种，就是丰富自己的语言、文字与文体。在发动翻译事业时，普通不大想到这个作用，但这个作用是势必发生的，而这也是很重要而值得欢迎的一个作用。既然是介绍一种新的思想，技术或经验，当然有许多新的名词，所以就必须制造新字，或创造新词，或把旧字旧词赋予新的意义。这一点道理极为明显，只须提出，任何人都可承认。今日的中文，在过去百年不甚有计划的翻译中，已不知增添了多少新字新词。但丰富语文，还不只此，语法的结构与气调也可丰富起来。每种语言文字有它自己所独具的文法，结构与语法，在基本上这是不能改变的，更不能机械地把自己的文字全部或大部地外国化。但任何一种文字都可有自己的发展，一成不变的是死文字。一种活的文字，循着它自己的内在道理，发展丰富的可能性极其宏大。生硬的外国化是要不得的，"五四"以后三十年来有些"欧化"的中文、译品或作品，今日无人能读，将来的人若无意中发现它们，恐将有读天书之感。但同是公认的第一等语体文，我们试把清初有名小说家的一段文字与毛主席的一段文字比较一下，就可发现今日中国的文字在语法、结构与气调上已丰富到如何的程度。任何人如对中文的灵活性与发展性还有怀疑，作此比较后，一切怀疑就都可解除了。对于自己的语文缺乏自信，往往是对外语与对祖国的语文都欠修养的人才容易发生的感觉。中文的丰富过程，仍在初期阶段，在今日有计划的翻译工作的推动下，今后中文的发展前途，不胜令人神往。

关于假借翻译而丰富自己的语言文字，我们上面还提到一点，就是新文体。此类的例，历史上也非少见。中国汉魏六朝隋唐时代翻译佛经的结果，"佛经"与"论"两体都进入汉文之内：《六祖坛经》不必说，宋明理学家讲"道学"时的"语录"体，基本上就是"佛经""论"与名僧说法的文体。在外国翻译史上一个著名的例，就是十七世纪初英人 John Florio 由法文所翻译的 Michel de Montaigne 的《论文集》（*Essais*；*Essays*）。这个法文的 Essai 或英文的 Essay 一字，中文至今尚无完全恰当的译词。此体我们似乎没有；近代欧洲文学中的此一体裁，基本上是由 Montaigne 所创。每篇文字，就题目讲，可能是大问题，也可能像是小问题，但实际每篇都是深入浅出，代表渊博学识的消化与深刻见解的发挥，而全篇又都以轻描淡写的文笔表出，使人读来好似是读消遣文章，不知不觉间却可获得大的启示与刺激。此体较比其他文体有它特别的难处，就是作者必须是一代的博学之士，思想豁然贯通，文笔成熟历练，三者缺一不可。英文本无此体，Florio 译品出版后，立即有人仿效，第一个仿效的就是同时代的 Francis Bacon，他把自己前些年发表，内容与文字都平淡无奇，而恰巧也取名为 Essays 的一部作品，依照 Montaigne 而重写。Bacon 也是当代饱学的大师，有自己成熟的思想，善于运用自己祖国的文字，在 Montaigne 的启发下，把自己的 Essays 改写成为此体的经典。在欧洲各国中，此体始终在英语文学中特别见长，发祥地的法国反倒落后。我们举此一例，因为此例特别突出，假借突出的例，叫我们更容易地明了一个道理。翻译介绍，不只可以介绍新的文体，并可把此文体融化于自己的体系中，甚至青出于蓝，把这个文体发展为自己所独特见长的文体。

以上所讲的是历史上所见到的翻译事业所发生的作用。现在我们再根据翻译史谈一谈实际所曾见到的翻译技术与翻译方法。在世界史上，大规模的翻译，太远的不谈，以近两千年而论，大概有四次。一为中国汉唐间的翻译佛经，二为西洋中古时代阿拉伯人与欧洲人的翻译希腊哲学与科学经典，三为近四五百年来欧洲各国学术文艺界间的继续不断地互相介绍与互相翻译，四为近代中国的翻译西洋作品。这第四次，过去是没有计划的，并且主要的介绍对象是资本主义范畴之内的著作。今日与今后我们是要有计划有组织地介绍马克思恩格斯的德文经典，列宁斯大林的俄文经典，与苏联先进思想学术的大量作品。在这个伟大的事业中，我们必会创造许多新的经验，但旧的经验还是值得我们参考的。根据历史上的翻译经验，我们把技术性的问题可分两个大的方面来讲：一为翻译品的分类问题，一为翻译的具体方法问题。

翻译的文字，大概可分为三大类：一为须要尽可能逐字逐句直译的，一为需要特别灵活译出的，一为中间的类型，恐怕也是大部译品所属的类型。第一，须比较机械地直译的，是政策、法令、宪典一类的文字。我们从外交上的一种惯例，最易明了此理。两国签订条约，在过去是认定一种文字，往往是两国以外的一种文字（普通是法文）为标准语，以此语的约文为有效的正本。今日此法渐变，普通是只用签约两国的文字，并把两种文字同等待遇，两文的约文同样有效。最少在形式上，条约是一种最庄严最认真的法律文字，为免事后发生解释上的歧异与纠纷，一件条约的两种文字应当尽可能地逐字逐句互译。严格讲来，这当然也只是理想。在关系特别密切如意大利文与西班牙文之间，这或者尚勉强可以做到；在关系疏远如汉文与德文之间，这显然是不可能的。但即或是在汉德两种距离特远的文字之间，遇到条约或法律政令性作品的翻译时，也当最认真地字斟句酌。

第二，有的作品正与此相反，在本质上就是不可能逐字逐句直译的。此类或者可以诗词为典型。无论一首汉文诗词译为欧洲文字，或欧洲任何一种文字的诗词译为汉文，都不可能直译，愈是好的诗词愈是如此。所以有人说，诗词根本不能翻译。此说未免言之过激。我们只能说，诗词特别难译。一切好的翻译能多少带有创造性，诗词的翻译是更必须具有创造性的，原文的精神与情调远比原文的字句要重要，精神与情调必须译出，原字原句往往反倒是可以伸缩的。欧洲中古拉丁文的名诗，有的在一种近代欧洲文字中的译本就不下百种，就是因为这个道理。

第三，介乎以上两者之间的是一般的翻译品，也是本文主要要谈的翻译品。我们谈及上面两极端的类型，为的是更容易了解这个主体的中间类型。在有计划的翻译介绍中，总是以思想性的作品为主。思想性的作品，既不像法令性的著作那样咬文嚼字，又不像诗词的那样注重情调。思想的严肃性必须表出；但表出时却不靠呆板的直译。若用一句简单的话，我们可说，思想性作品的翻译所需要的是灵活的直译。一本书既然是有思想性，尤其是像马克思列宁主义经典一类的思想性作品，恐怕任何人都承认，原文中所没有的，译者不当加入丝毫，原文中所包含的，译者不当减少丝毫。这可说是根本的原则。但这个原则如太硬性地运用，就成了上面所讲的法律文字的翻译，结果反倒有歪曲原意的危险。原文中的思想是靠原文文字的形式表达出来的，译文必须能同样地、同量地与同深度地表达出原文的思想；而因为没有两种文字在复杂思想的表达上采取完全同样的方式，理想的翻译必不会是逐字逐句的直译，而是一种灵活运用的直译。基本上必须是直译，但词句的斟酌上必须灵活。一个理想的译品，应能叫读者不感到它是译品，读者如不特别注意，就当有读原本之感。换一个方式说，我们翻译时，要细心揣摩，使自己在精神上好似成为原作者，假想自己如果是在撰写此书，在写此一句时，要写出一句何种形式的祖国文字。所以我们可以假想，一本马克思著的俄文译本与中文译本，假定都是百分之百地恰当与精到的，一个能读中俄两种文字而对翻译工作向来加以思索的人，把两种译本走马看花地阅读一遍之后，会发现两者间有不少的差别，因而认为其中必有一种不忠实于原文，甚至可能两种都不忠实。反之，我们也可以假定俄文译本与中文译本都是呆板地逐字逐句的直译，一个粗心或缺乏经验的读者必会判断，两种译本必都是忠实于原文的，否则两种不同的文字不会如此地句句恰合并行，他不会知道两种译本实际都未表出原本的全部精神。所以理想的翻译也是一种创造，翻译绝不是轻而易举的事。一个理想的翻译者，精通两种文字与精通原书内容，只能说是必须具备的起码条件。无此条件，难以从事翻译；仅有此条件，也还不够从事翻译。若用中国两句老话，此外还须"好学深思""揣摩入微"方能胜任，否则就时常有坠入歪曲原意的陷阱中的危险。意大利文中有一个两字短句，重叠叶韵；一语道破此种危险："Traduttore traditore"（翻译者就是陷害者）。这句话当然有些危言耸听，但对我们从事翻译的人却是一句必需的警语，提醒我们切戒"陷害"读者。

翻译技术的最后问题，就是具体的翻译方法。细腻的方法，恐怕要每人在实际工作中揣摩发现；但由历史上的翻译经验中，我们或者可以归纳出四点，算为翻译工作者应当遵循的准则。这些准则基本上可说已包含在上面讨论翻译品分类问题的范围之内，为清楚起见，下面再简单加以说明。

第一，译文应当通顺明了。翻译出来不是为自己能看懂，而是为别人能看懂。一个语文与专学两个条件都充足的译者，也有时因为过度地要忠实于原文而会译出只有自己能懂的文字。为表达新意，译者可以造新句，但新的句法在基本精神上必须合乎祖国文字的结构。新颖的外国语法有时不妨直接译出，但译出后必须使读者一看就能明了，只感到是一种新颖可喜的语法，而不感到是利齿獠牙的奇言怪语。如此，既可丰富祖国的语言文字，又可正因其新颖而引起读者的注意，增进读者的了解。一种有高度思想性的外文作品，绝不会每字每句都在本国文字中找到现成的对偶。有对偶处，当尽量引用原有的对偶，那是不言而喻的。无现成对偶的，就须另创。何处须创新字、新词、新句；如何创新字、新词、新句；创出后如何保证读者能懂——这是译者在翻译技术方面的一个重大任务。

第二，硬性的直译应当尽量避免。中文译品，所用的必须基本上为中文，而非用中国文字写出的任何外文。这也就是我们上面所说,译者应当好似是原作者,只不过是用与原著不同的一种文字而已。一本思想性的作品,主要的是要传授思想,在传授中不可有不必需的阻碍。我们如果过度直译,读者的注意力将为生硬的语法或多余的字句所困扰,中心的思想反倒容易被忽略。

第三,原文中的某一个字或某一个词,前后屡见,在译文中不一定要一律地用同一个字或同一个词来表达。每种语文中,都有许多的字,既有原意本意,又有一种、两种或多种的附加意或引申意;而本意与附意又往往复杂微妙,所差好似极微,实际却可以距离甚远,有时同一字的原意与附意等于是两个完全不同的字。在有的情形下,在两种文字中,两个对偶字的原意与附意都完全相同,但这是极端例外的。所以译者必须时刻提高警觉,不当认为自己可以机械地把外文屡见的同一个字译成本国语文的同一个字。即或是在原文中一字的意义始终不变,始终维持单一的意义,除非那个字是一个专门术语,也未见得在译文中就一定要照样地始终用同一个字表达。两种文字的语法、结构、节调与习惯,总是有许多差别的。某一字的连续使用,在甲种文字中可以和顺悦耳,在乙种文字中就可以令人生厌。在甲种文字中,某一字可以在一切句法结构中同样使用,而在乙种文字中相当的意义就可能在不同的句法结构中需要不同的字来表达。这一切,都无定例,完全要看译者对于两种文字,特别是对于祖国文字的运用能力。

以上是综合历史上的翻译经验所作的一种理论的试探,为不使篇幅太长,举例甚少,大部为原则性的说明。文中一定有许多不成熟或不妥当的地方,希望翻译工作同志多予指正。

(原载《翻译通报》1951 年第 3 卷第 5 期)

《西方的没落》（第二卷部分章节）

[德]奥斯瓦尔德·施本格勒　著　雷海宗译

第一章　起源和景色

B、一群高等文化
VI、历史景物与自然景物

一个人，不管他生在世界上是为得事业或为得学业的，在他活动的时候或思索的时候，总是警醒的，所以也就是"精神集中的"，那就是说，他是在注意那一时刻他的光明世界对他有意义的一件事物。我们都知道，如果我们正在做一个物理学的实验，突然被迫转而考虑日常生活中的一件事，那几乎可以说是痛苦难言的。我前面已经说过，在人类意识中轮换出现的无数景幕中，清楚地分为两类——命运及节奏的境界，因果及张弛的境界。我称这两种境界为"历史境界"和"自然境界"。在前者，生活所使用的是批判的理解：眼力控制一切，内心所感到的节奏成为臆想中的波列①，而最后爆发的精神经验形成划时代的顶峰。在后者，思维本身控制一切，因果的批判把生活说成一个严格的过程，把活的实际说成抽象的真理，把张弛现象说成一个公式。

这是怎么一回事情呢？两者都是由展望而见到的景色。一是展望者把自己浸入永不重复的实际中，一是他企图掌握一套永恒有效的系统真理。在知识只处在附属地位的历史境界中，集体利用个体。在我们称为记忆和回想的图景中，事物显得一片光明，并且是由我们生活的节奏去推动的。但是年代学的因素使我们感到，只要史实一成为历史知识，它就要受到意识条件的根本限制。在自然境界中，是一直存在的主观因素是不适合的和使人迷惑的，但是在历史境界中，是同样一直存在的客观因素，即数据，把人引入错误。

当我们从事自然境界的工作时，我们的环境和心情应当是，并且在一定程度上可以是超然的，我们可以忘我。但是每一个人，每一个阶级，每一个民族，每一个家庭，总是联系到它自己来观察历史境界的。自然的特点，在于它是一个无所不包的太空；而历史是由过去的混沌中涌出，展现在观察者的眼前，然后由他出发向外来推移的。代表现在的个人，总是处在中点；他将不能有意义地应付这些史实，如果他忽视史实的方向——这种方向是属于生活的范畴的，而不是集于思维的范畴的。每个时代，每个地方，每个生活的集团，都有他自己的历史视野，一个真的历史学者的特点就在于他能体现他的时代所要求的历史境界。

所以，自然与历史的分别有如纯粹批判与不纯粹批判之间的区别——把"批判"理解为实际生活经验的对立面的。自然科学就是批判，而不是任何其他事物。然而在历史境界，批判只能科学地准备条件，以便历史家去作瞰视。历史就是那个四面八方的鸟瞰。有那种眼力的人可以"历史地"理解每个事实和每个情势。自然是一个体系，任何体系都是可以学习的。

对于历史的自我适应的过程，每个人由童年的早期印象就已开始。儿童的眼睛是锐利的，对于切身环境的事物，如家庭的生活，自家的住宅和所处的街道之类，他们都能直接体察和感觉其核心，这是远在本城和城市居民进入他们视线以前的事，而"民族"、"国土"、"国家"诸词对他们尚完全没有明确的意义。正是如此，也正如此透彻地，原始人类把他们狭窄天地之间的事物理解为历史，理解为生活——特别是有关生命本身的事物，如生、死、疾病、衰老的景象，如激战或热爱的经过，无论是个人经验的或在别人生活中观察到的，如家人、氏族、村里的命运，以及他们的行动和动机，如世仇、械斗、胜利和报复的传说。生活的境界在扩大，出现的已不是一个个的生命，而是生活总体在一来一往。景象不再限于村里和氏族，而是包括遥远的种族和国家；不再以年月为限，而是扩大到许多世代。任何人所实际经验过或参加到的历史，不会超过祖父的世代；无论对古代的日耳曼人或对现代黑人种，对伯里克利或对瓦伦斯坦，都是如此。至此，实际生活的境界结束，一个新的境界开始，这个新境界的根据是传闻和历史传说：在这个新境界中，由于长期的习惯，我们的心情是适用于一个清楚的和固定的意识天地的。对于不同文化的人们，这个天地的幅度是大不相同的。对于我们西方人，真正的历史是由这个进一步的意识天地开始的，因为我们是在永恒的境界下生活的；而对希腊人和罗马人来说，历史正是到那里就停止了。对修昔底德来说〔一〕波斯战争的经过，对恺撒来说，布尼战争的经过，都已经是没有活的意义的了。

　　超过这个境界，其他的历史性的景象体制——植物世界、动物世界、大地以及星空的命运的景象，就涌现到眼前，这些景象最后与自然科学的终极意境混而为一，成为宇宙创成和宇宙毁

　　〔一〕他在他的历史作品中，一开始就说，在他的时代（约公元前四〇〇年）以前，历史上没有过什么大事。（原注）

灭的神话般的图景。

儿童和原始人类的自然图景，来自日常生活中的一些琐细事物，这种琐事不断迫使他们避免观察令人生畏的广大自然，转而去批判地注视切身环境的一些事物和情境。正与小动物一样，儿童是从游戏中发现最初的真理。研究一下他的玩具，拆散开他的洋娃娃，把镜子倒转过来看看后面有什么东西，发现一条确切不移的道理之后的胜利感——任何的自然研究也不过如此而已。原始人类，在逐步学习中，把这种批判的经验援用于他的武器和工具，援用于他的衣、食、住所需的原料，那就是说，援用于已死的东西。他把此种经验援用于动物，但只在它们已不是他自己在追逐或被追逐之中所注视和观察的活物时，此时他不是有生地而是机械地把它们理解为对他有确定用途的一堆骨头和肉——这正与他对一个事物的理解一样，先是一个鬼物的动作，后来成为一个因果的过程。高等文化的成熟人类，每时每刻也是在作同样的转移。这里也是有一个自然境界，而进一步又有我们对于下雨、打闪、风暴、冬夏、月球的晦朔、星球的旋转所获印象的境界。但到了这个境界，充满了恐惧和敬畏的宗教感，使人有了更高超的一个准绳。正如在历史境界中，我们探索生活的终极事物，在此我们企图建立自然的最后真理。一切仍在知识界限之外的，我们称为上帝。而一切已在知识界限之内的，我们希望以因果的规律理解为上帝的活动、创造和表现。

所以，每一套科学地建立的事理的体系，都有双重的趋势，这种趋势自原始时代就是内在的和不变的。一个趋势面向技术知识的最高可能的系统，是为实际的、经济和军事的目的服务的；很多种动物已把这一方面发展到很高的程度，它由动物的成就，通过原始人类对于火和金属的控制，一直发展到我们浮士德文化的机器工艺。另一个趋势只在有了语言工具之后严格的人类思维与物质意象分开时，方才出现的。其目的是要达到最高可能的理论知识。这在文化早期我们称为宗教，在文化晚期称为自然科学。火，对于战士是一种武器，对于工匠是他装具的一部分，对于巫师是上帝的一个神迹，对于自然科学家是一个研究的题目。但这一切都属于人类意识的自然的、科学的一面。在历史境界我们看不到火的本身，而只看到焚烧迦太基和莫斯科的大火和围绕胡斯和乔旦诺·布鲁诺身边的柴火。

Ⅶ、人的历史与世界的历史

我重复一遍：每个人只是在联系他自己之中去生活地体察任何其他人及其生命的。同是一群鸽子，在一个见到它们降落在他的田地上的农民的眼光中，就与在街上见到它们的一个活物爱好者或由空中见到它们的一个鹰鸟的眼光中大不相同。对于一个农民，他的儿子就是他的未来和接班人，但是在他的邻居的眼光中他不过也是一个农民，在一个军官的眼光中他是一个士兵，在一个外乡穷人的眼光中他是一个当地人。拿破仑在任校尉时和在作皇帝之后，对人对事的看法就很有不同。把一个人放在新的地位，叫一个革命家担任部长，任一个士兵为将军，历史和历史中的人物对他立刻就变得与从前不同。塔勒朗了解他的同时代的人，因为他属于他们的世界；但如果他忽然被投入克拉苏、恺撒、卡塔林尼和西塞罗的队伍中，他对他们的行动和观点的理解就会是无用的或是错误的。没有超然的历史，一个家族的历史，对于每个成员都是不同的；一个国家的历史，对于每个政党都是不同的；一个时代的历史，对于每个民族都是不同的。对于世界大战的看法，一个德国人与英国人不同；对于经济史的看法，一个工人与一个雇主不同；而西方史学家眼光中的世界史与阿拉伯和中国伟大历史家眼光中的世界史又完全是两回事。只有关于年世非常久远和历史家本人全无利益关系的时代的历史，才有可能客观地对待；我们会发现，在判断和描述伯罗奔尼撒战争和阿克庭之战时，连我们最高明的历史家也不能完全摆脱当前利益的影响。

　　一个观察者通过他自己的有色眼镜去观察人物，并不妨害深刻地理解，甚至可以说是必须的。我们发现，这种理解正是歪曲或完全忽视历史事件独特性这一重要关键的那些综合论断所缺乏的成分；在此方面最坏的例证就是唯物史观，它可以说是一个形态上的荒原。但是虽然如此，也正因如此，对于每一个人，因为他属于一个阶级、一个时代、一个民族和一个文化，就都有联系到他自己的一个典型的历史图景；同样地，对于整个时代、整个阶级、整个文化，也各自有典型的历史图景。每个文化，作为最高的一个总体，都有它自己的一个最高的综合论断，这个综合论断，对它说来，是它的根本的和象征性的历史境界：每个人或每个有个性的集体都需要使自己能够配合那个历史境界。当我们说一个人的概念是深刻的或是肤浅的时候，独创的或平庸的时候，错误的或陈腐的时候，我们的判断是不自觉地出发于由我们的时代和我们的人格中的一个价值观的境界中。

　　所以，显然地，浮士德文化的每一个人都有他自己的历史图景，并且自幼年以来有种种不同的图景，由于每天和每年的不同经验，这些图景是在不断地流动和变换。不同的个人和不同的时代或阶级的典型历史图景，又是如何的不同，例如奥托大帝的世界与格尔格雷七世的世界，威尼斯总统的世界与一个穷香客的世界！罗伦佐、德·梅弟奇、瓦伦斯坦、克伦威尔、马拉、俾斯麦、哥特时代的一个农奴，巴罗克时代的一个哲人，以及三十年战争、七年战争或解放战争②中的一个军官，又各自是生活在如何不同的世界中！再如，专看我们自己的时代，看一看实际生活为他自己的乡里和乡人范围的一个夫利舍③农民，汉堡的一个大商人，一个物理学教授！但是，对于以上这些人，不分各自的年岁、身份和时代，都有一个共同基础，这个共同基础把这些人的总调，也就是他们的根本境界，区别于任何其他文化的根本境界。

然而，在此之外，还有一种区别，把古典文化和印度文化的历史图景与中国的、阿拉伯的，而尤其与我们西方文化的历史图景区别开来，那就是前两者的狭小视野。希腊人所可能知道的，所必然知道的古埃及历史，他们永不让它渗入他们的独特的历史图景之中，这个历史图景对大多数人是以年岁最大的参加者所能讲述的范围为限的，连对知识较高的人也以特罗耶战争为终点，超过这一终点他们不肯承认是曾有任何历史事物的。

与此相反，阿拉伯文化很早就敢于大胆尝试，我们由犹太人和居鲁士以下的波斯人历史思想中都可看到，他们在用一个真正的年代学体系把天地开创的故事与当前联系起来；波斯人甚至把未来也包含在内，预先记录了世界末日和弥赛亚降临的日期。这个对于人类历史的确切的和较为狭小的围范作法，（按照波斯人计算，由始至终为一万二千年，犹太人认为到目前尚不满六千年）是马古式世界感的一种必需的表现：这从根本上把犹太、波斯的天地开创故事区别于巴比伦文化的天地开创故事，虽然它许多的表象是由后者抄来的。中国文化和埃及文化历史思想所特有的广阔和无边的境界的基本感觉，又与此不同，这表现在以千年计的，并最后浸化于一个遥远的洪荒时代的朝代兴替之中。

再，先由一个基督教计年法〔二〕预作准备的浮士德式世界历史的图景，忽然之间出现，它代表西欧教会对于接收过来的马古式图景的一个宏大的广延和深延，这种广延和深延使哥特盛期的约亚金·夫罗利④得以拿它作为他那一套不平凡的对世界命运解释的基础，把世界说成圣父、圣子、圣灵三个时代。与此平行的地理视野也大为扩充，由于北欧海盗和十字军的活动，早在哥特时代地理视野已经由冰岛达到亚洲的边远地区〔三〕；而自1500年以下，巴罗克时代的先进人物能够做到其他文化中他们的同侪所不能做到的，那就是，在人类历史上第一次把全地球的地面看为他们的园地。由于罗盘针和望远镜的关系，那个成熟时代的学人破天荒地不只在理论上把大地说成是圆球，并且实际体验到他们是生活在太空的一个圆球之上。地平线的视野已经消失了。同样地，时间的视野也消失在基督纪元前和基督纪元后的两个无穷之中。时至今日，在包括全球并最后将包括所有高等文化的这个图景的影响之下，早已陈腐的和空洞的把历史分为上古、中古、近代的旧日哥特时代的历史分期法，显然地是在消失之中。

在所有其他文化中，世界历史的范畴与人类历史的范畴是相吻合的，世界的开创就是人类的初生，人类的灭亡也就是世界的末日。但是浮士德式的无限欲望，在巴罗克时代第一次把这两个概念区别开来，认为宏大无比和前途尚不可量的人类历史只

〔二〕基督教计年法，于五二二年在东哥特人统治下输入罗马，到查理曼的时候才波及日耳曼各族地区。此后，传播甚速。（原注）

〔三〕反之，很有意义地，在一往情深的文艺复兴中的古典主义人物心目中的历史视野却又大为缩小。（原注）

是世界历史中的一段插话，而地球（其他文化向来没有见到过它的全貌，而只曾见到过所谓"天下"的一部分）已成为以百万计的太阳系中的一个小小星球。

这种历史图景的广延使我们这个文化较其他文化更需要把一般日常的自我协调与只有高超人士所有的那种非常的自我协调区别开来。并且连对后者来说，这种自我协调也只能暂时维持。在提米托克利与一个雅典农民的历史视野之间，分别恐怕不大。但在亨利六世⑤与他当时的一个村夫之间，这种分别已经大得很，而在浮士德文化逐步上升之中，自我协调的可能性已经到了如此既高又深的程度，以致内行人的圈子越来越缩小。实际上，一个金字塔式的可能性阶梯已经形成，每个人各依能力而定等级；每个人，以自己的禀赋为准，都站在他最为警醒协调时所能达到的水平上。因为如此，在西方人之间，在历史生活问题上的相互了解是要受到限制的。而这种限制在别的文化是不存在的，最少不像我们这样森严。今日的一个工人，真能了解一个农民吗？一个外交家真能了解一个技匠吗？为他们每个人决定什么问题是值得提出以及如何提出的那种历史的、地理的视野，其差异是如此之大，以致他们之间所能做的不是通声息，而只是说几句闲话。当然，一个善于待人接物的能手的特点，在于他能理解对方的精神情况，以此为基础而与他交接（正如我们与儿童讲话时都是如此），但是如此品定一个过去的人物，例如"狮子"亨利⑥或但丁，如此彻底地、设身处地地进入他的历史境界中，以致能把他的思想、感情和判断看为理所当然的——由于前后两方面的意识情况是如此地悬殊，这一点是如此稀罕，所以一直到十八世纪一般人尚不认为历史家应当做此尝试。只到一八〇〇年以后，这才成为撰写历史时的一个必需条件，而成功者却又寥寥无几。

　　浮士德文化所特有的把人类历史与远为广阔的世界历史分别开来的作法，自巴罗克晚期起，就使我们的世界图景成为一层又一层的分野景象。为研究这些，就形成了或多或少赋有历史性的各种独立学科。天文学、地质学、生物学、人类学，一个接着一个地追逐星空、地壳、生物、人类的命运。而只在此之后，我们才能接触到各高等文化的所谓"世界历史"，而依附于这种"世界史"的又有各种专史和家族史，最后并有西方文化所发展特高的个人传记。

　　以上的每一个境界，都需要独特的一套精神协调，而当这种精神状态发展到高峰时，比它较狭的和较广的境界就不再是活的存在，而只是假定的事实。如果我们是在研究独伊托堡格林野⑦之战，这个在北德平原植物世界长起来的森林如何生长的问题就是一个假定的事实。反之，如果我们是在研究德国林木世界的历史，地球的层叠形成就成为假定事实，在此处无需注意它的特殊命运。再，如果我们的问题是在研究白垩系的起源，地球作为太阳系的一个行星而存在这一点，就是一条资料而不是一个问题。或者换一个方式来讲，星空中有一个地球，地球上有"生命"现象，在"生命"中有"人类"这一类型，在人类史中有高等文化的有机形式——每个境界在更高的一个境界中都只是一个随机事件。就歌德来讲，由他的斯特拉斯堡阶段到他第一次定居于魏玛的时期，他曾有强烈的自我协调于世界史的倾向——这由他所描写的恺撒、穆罕默德、苏格拉底、流浪的犹太人和埃格蒙特中可以看出。而当他痛下决心，放弃了在政治上大有建树的志向之后（这个决定所引起的精神痛苦的最后比较安泰的形式，在他所撰的《塔索》（*Tasso*）中还跃然纸上）⑧。他决意把世界史的精神境界由自己的生命中全部割掉；自此他就狠狠地把自己的活动一方面限于植物史、动物史和地球史（他称这些为"活的自然"），另一方面限于个人的传记。

以上这些出自一个人的手笔的各种境界，都有同一的构造。连植物史和动物史的图景，连地球史和星空史的图景，实际也只是意境的构造和通过外界实际而反映个人内心的意向。动物史或地层史的学者也是一个人，生活在某一时代，属于某一民族，有一定的社会身份，由他对以上那些事物的研究中不可能排除主观立场的因素，正如任何人也不可能对法国革命或对世界大战作出一种超然的说明一样。康德、拉普拉斯⑨、居维⑩、来耶尔⑪、拉马克、达尔文⑫的各种有名的学说，都各自有一个政治经济的色彩，而它们对一般读众的强烈影响正足证明所有这些历史境界的观点都出自同一个根源。而今日正在我们眼前实现的是浮士德式历史思想所能完成的最后一个任务，那就是，有机地联系和处理这一历史境界，使之成为一个伟大的、统一的世界历史形态，以使我们的视野能够毫无阻碍地由个人的生命一直看穿到整个宇宙的太初状态和终极命运。十九世纪用机械主义的，也就是非历史的形式，提出这个问题，这是二十世纪所注定要解答的一个问题。

VIII

我们目前所有的关于地壳和生命史的图景，仍然是被启蒙时期以来由英国生活习惯发展而出的文明的英国思想所笼罩。来耶尔关于地层形成的"冷酷平淡的"学说和达尔文关于特种起源的学说，实际都是英国本身发展的派生物。与方·布赫⑬和居维所主张的难以预测的暴变和变形相反，他们提出一种漫长世代的有规律的演化的看法，关于演化的原因并且只承认科学上可以估计的，甚至是机械的功利因素的原因。

这个，"英国"类型的因果论不只是肤浅，并且也过度地狭窄。首先，它把因果关系局限于地面上的发展过程；这很显然地就排除了地球生活现象与太阳系以及整个星空的发展之间的宏大无比的关系，而无根据地假定地球浮面是一个完全绝缘的自然现象世界。其次，它假定在目前人类智力所能掌握的范围之外的关系（目前所能掌握的只是工具仪器所精密化的人类感觉和科学学理所明确化的人类思想），根本不存在。

与十九世纪不同，二十世纪关于自然历史的任务，就是扫除这个导源于巴罗克时代唯理主义的肤浅因果体系，而代之以一个纯粹的形态体系。我们对于一切因果地"解释"问题的思想，都是怀疑论者。我们让一切事物自我表白，我们自己所要做的只是体察事物的内在命运和观察事物的形态表现，而这些命运和表现的所以然我们是永远不能参透的。我们所能达到的最高目的，只不过是千变万化的自然景象中无原因的、无目的的、纯粹如此的一些形态。对于十九世纪来说，"天演"一词是有目的地适应于生活的日益进步。莱布尼茨在他那本充满了意味深长思想的作品《原始大地》（一六六一）⑭中，根据他在哈茨山银矿区所作的研究，描绘出彻头彻尾歌德式的关于洪荒世界的图景，对莱布尼茨和对歌德一样，世界的发展就是形态内涵意义的逐渐充实。这两种概念，歌德的形态发展观和达尔文的天演进化观，是完全相冲突的，正如命运观与因果观相冲突一样，并且也与德国思想与英国思想及德国历史与英国历史相冲突一样。

古生物学所提出的证据，彻底地驳斥了达尔文主义。简单的概然律指明，化石的发现只能是实验的样品。每个样品应当代表一个不同的演化阶段，所以我们应当只看到"过渡的"类型，而没有确定的类型，没有物种。实际上我们所发现的是延续于漫长世代的完全稳定的和不变的类型，而这些类型不是由适者生存的原则发展出来的，却都是骤然之间以完整确定的形态出现的；而此后这些类型不是对于环境日愈适应，却是日愈稀少以致最后消灭，代之而起的是完全不同的类型。日愈繁茂地出现于我们眼前的是自始存在而今日仍然存在的有生之物的一些宏大的纲部和种类，这些都是没有过渡类型的。例如在渔族中最初出现的有形态简单的鲛类⑮，逐渐它又凋落，而硬骨类⑯出现，逐渐产生了占优势的更完善的鱼类形态。植物世界的羊齿⑰和木贼⑱也是一样，它们只剩下最后的一些物种勉强延续到今天高度发展的显花植物⑲世界中。但关于这些现象，一切功利原因或其他有形原因的假说，在实际上都是找不到根据的〔四〕。是命运把生命本身，把植物与动物之间日益尖锐的对立形态，把生物的每一门、每一属、每一种，召唤到世界上来。在出生的同时，命运又给每一形态一定的活力，靠此活力，它在自我生发中始终保持纯种状态，或与此相反而变为模糊不纯，以致不可捉摸地分为许多变种；最后，命运也给每一形态一定的寿命期限㉑，除非因偶然的关系而缩短的话，它总是按此期限而自然衰老；最后至于消失。

关于人类，洪积世㉒的种种发现愈来愈清楚地表明，当时存在的人类形态与今日存在的相同，看不到一点朝着更适应于功利方面演化的痕迹。而在第三纪的种种发现中始终见不到人类这一事实，日愈显著地说明，人类与其他生物形态一样，是在一

〔四〕最早证明动植物的基本形态非由演化而出而是突然出现的，是德·夫利斯⑳的《突变论》（一八八六）。用歌德的术语，我们可以说，我们只见到每个样品的刻印形态，却看不到整个属类的印模。（原注）

个突然变化中出现的，其由何出现，如何出现，为何出现，都是不可解之谜。实际上，如果真有英国思想上的那一种变化，就不应当有清楚的地层和种属分明的动物门类，而只应当有一个混沌的地质密团和生存竞争所遗留下来的乱作一团的个别生物形态。但实际上并不如此，我们所实际发现的只能叫我们相信，在植物和动物的存在过程中，曾经一次又一次地发生过根本性和突然间的变化，这种变化是属于宇宙性的，决不为地球浮面所围范，其原因甚至其全部的关系，都非人类智力所能理解的[五]。同样地，在各大文化的历史中，我们也观察到迅速的和深远的变化，但是看不出任何可以捉摸的原因、影响或目的。哥特式建筑和金字塔式建筑突然之间以成熟的姿态出现，正如始皇帝的中国帝制或奥古斯都的罗马帝制，正如希腊化主义、佛教或伊斯兰教等等的突然出现一样。对于每一个生活有些微意义的人来说，他一生中的事变也是如此；不明此理的人，不能算为理解人性，更不能算为理解儿童。每个人，无论是从事事业的或从事学业的，都是按阶段大步向前完成自己的一生，对于各太阳系的历史和恒星世界的历史，我们也必须假定同样的阶段。地球的起源、活动自如的动物的起源，都是这样的阶段，所以也就是我们只有当然接受的奥秘。

IX、两大时代：原始文化和高等文化

我们所知道的人类史，清楚地分为两大时代。就我们所能见

[五] 以此为据，我们对于人类的原始阶段就无需假定太长的时期。由已经发现的最早人类到埃及文化的黎明，当然要长于众所周知的高等文化历史的五千年，但并不是长得太多。（原注）

到的来说，第一时代的始点就是我们称为冰河期出现的地球命运中的那一段深奥的追覆乐曲(fugue)[23]，关于这一点，在世界史的图景中，我们只能说我们知道有一个宇宙性的变化曾经发生；第一时代的终点就是高等文化在尼罗河流域和幼发拉底河流域的出现，自此人类生活的全部意义就突然改观了。我们在所有地方都见到第三纪与洪积世之间的严格界限，在界限的此方我们所发现的是一个形态完整的人类，已经有了一定的风习、神话、智慧、装饰和技术，并已经赋有至今没有发生若何变化的一种体形。

我们认为这一时代为原始文化。在整个第二时代中仍然维持这个原始文化（当然是一种很晚的形态），并且至今仍然生存而相当完整的，只有非洲西北部。我们要承认佛罗本尼勿斯[六]的重大功绩，因为他清楚地认识到此理，他一入手就假定在这个领域有一个原始生活的完整世界。而不仅是或多或少的原始部落，在一直与高等文化的影响隔绝而独自存在，反之，一般种族心理学家[25]却喜欢从五大洲的各个角落去搜集部族生活的一些片断，而在这些部族之间，实际唯一的共同点只是一个消极的共同点，那就是它们依存于这个或那个高等文化的世界中，而没有参加那个高等文化的内部生活。结果，我们所见到的是胡乱堆起的一些部落，有的是停滞的，有的是低级的，有的是没落的，而这些部落的各种表现的形式却又被杂乱无章地混在一起。

然而原始文化并不是片断的，而是一种坚强的和完整的东西，一种非常生动和有力的东西。但是，由于这文化与我们高等

〔六〕佛罗本尼勿斯，《非洲讲话了》*Und Afrika Sprach*,1912），《非德马：一个文化和心灵的研究大纲》*Paideuma,Umrisse einer Kultur und Seelenlehre*），1920[24]。佛罗本尼勿斯把原始文化分为三个时期。 （原注）

文化人类所禀有的精神可能性是如此地不同，以致我们不得不怀疑，连那些把第一时代深切带进第二时代的部族，就他们今天的存在形态和意识形态来说，是否真能正确地反映远古时代的情况。

已经有好几千年，人类的意识是不断地在认为部落和民族之间的经常相互接触是当然的事。但在观察第一时代时，我们不要忘记，当时人类是在一些很小的集团中群聚而居，是被海阔天空的自然景物所湮没的，而自然界的主导因素是那些极大的兽群。古人类遗骸的发现的稀少，充分地证明此点。在奥利尼亚人种时期㉖，在今日整个法国疆域内来去游荡的大概有一打上下的人群，每群几百人，这种人群如果偶然发现还有其他人类存在，必定感到大为惊讶以致不可解。即或极力运用想象力，我们今天能够想象生活于一个几乎没有人类的世界是怎样的一种景象吗？对于我们，整个大自然早已成为亿兆生民生存的背景了。当人类在森林和兽群之外，开始在四周愈来愈多地遇到"与自己完全一样"的其他人类时，他的世界意识必曾发生如何的激变！人类数目的增多（这必然也是骤然间出现的事），使人类习惯于接触"同类"的人，当初的惊奇之感由快慰或敌视之感所替代，这自然就导致了新的经验以及不自觉的和不可避免的相互关系的一个全新世界。对于人类心灵发展史来说，这恐怕是最深奥的和意味深长的一种变化。是在与外界生活集体的关系中，人类最初体察到他自己的生活集体，自此氏族内部的组织开始因部落之间的种种关系而复杂化，这种部落间的关系此后就完全控制了原始社会的生活和意识。只有到这个时候，初步的语言（也就是说，初步的抽象思想），才由当初极为简单的感觉中出现，而我们可以假定其中特别幸运的几种（虽然我们无法想象它们当初的结构）就成为日后印度日耳曼语族[27]和闪语族的起源。

后来，由这个被部落间关系所联系的人类的原始文化世界中，约在公元前三〇〇〇年，突然间涌现出埃及和巴比伦的文化。或许在此前一千年之中这两个地方都在孕育着在本性上和在趋向上与一切原始文化根本不同的一种东西，这种东西在它所有的表现形式中都有一个内在的统一性，在它生活的各方面都有一定的趋向。在我看来，在那个时候，即或不是在整个地球的壳面上，最少是在人类的本质上曾经出现了一个变化；若果如此，此后任何仍然存在的名实相符的原始文化——范围日渐缩小，并依附于高等文化世界之中的原始文化，当然与第一时代的文化是大有不同的。但是，不管是什么样的原始文化，都与可以证明在每个高等文化初期一致出现的，我所称为文化前期[28]的在本质上不同；文化前期是一种全新的东西。

在一切原始生活中，"道"[29]，大我，是如此直接地在发生作用，以致一切小我[30]的表现，无论是神话、风习、技术或装饰，都只服从于眼前的要求。我们若去研究，对这些表现的时间长短、进展速度以及发展路线等，都找不到确定的规律。例如，我们可以看到笼罩广大地区居民的一种装饰形式（不能称为一种风格），对外有传播，内部有文化，以致最后消失。与此同时，并且可能范围不同，我们又可以看到武器制作和使用、部落组织、宗教习惯等等的一定形式，并且每个范畴都自有发展的方式，自有转折点，自有始终，完全在各自的形态领域的影响之下。当我们在史前某一阶段发现能够确知的一种陶器式样的时候，我们并不能以此为据而有把握地去推论制此陶器的居民的风习和宗教。如果逢巧同一地区有某种婚姻制度与某种文身方式并行存在，这也绝不意味着有一个共同的基本概念贯串其中，如像火药的发现与绘画中的透视法那样。在装饰形式与辈分制度之间，在某一神祇崇拜与农业技艺之间，我们没有发现必然的联系。以上这一切的发展，都只是原始文化中个别方面或个别特征的发展，向来不是原始文化本身的发展。如我上面所说，原始文化本身是基本上混沌不清的，它既不是一个有机体，也不是一些有机体的总和。

然而，当高等文化一经出现之后，"道"就让位于一个强烈的和一贯的趋势。在原始文化内，除了个人外，只有部落和氏族是一种活的存在。但是至此，文化本身成了一个活的存在。原始的一切都是一个合体，原始集团的诸种表现形式的一个合体。与此相反，高等文化是一个单一而宏大的有机体的意识体现，它不只使风习、神话、技术和艺术，并且使并入它内部的民族和阶级都成为一定的形态表现和一定的历史表现的工具。我们所知道的最古的语言是属于原始文化的，它自有杂乱无章的命运，我们不能由装饰或婚姻制度的命运中去对它作推论。然而，文字的历史却是完整地属于各个高等文化的表现历史。埃及、中国、巴比伦和墨西哥文化，在文化前期就各自创制了一种特殊字体；反之，印度文化和古典文化没有如此做，而是在很晚的时候才由毗邻的文明中学来一种发展已经很高的文字；再，阿拉伯文化又另有不同，它的每一个新的宗教或新的教派都立即制造一种特殊字体——以上这一切，都与这些文化总的形态历史及其内在含意有极为密切的关系。

我们对于人类的知识，以这两大时代为限，这种知识不足以叫我们推论其他可能的新的时代，或推论这种可能的新时代何时出现或如何出现；并且无论如何，控制人类历史的整个宇宙关系，对于我们的衡量能力来说，是完全不可能捉摸的。

我们的这种思想和观察办法是以实际的面貌为限的。当深知物情的人对他环境的经验，或当事业人物对于事物的经验不发生作用时，我的这种洞察力也就到了尽头。此两大时代的存在，是历史经验中的一个事实，并且，我们对于原始文化的体验不仅是由一切遗物中去观察一个自成一套的和与外界绝缘的东西，而也是由存在于我们内心的一种与它的内在联系而去体会它的更深的意义。但是第二时代却给我们开辟了另一个和性质大不相同的经验境界。在人类历史的领域中突然出现了高等文化这一类型，是一个偶然事件，其意义我们现在还考查不出。很可能，这是地球史领域中一个突发事件所引起的现象存在世界中的一种新的和不同的形态。然而我们能看到八个这样的文化，构造相同，发展相同，时限相同——这一事实使我们有理由对它们进行比较观察，所以也有理由使我们把它们看为可以比附研究的事物，并在比附研究中获得一种知识，叫我们能够向后再知已经失传的时期，向前预知尚未到来的时期，但这当然要假定另一种命运不突然间从根本上取代当前形态世界的地位。所以我们进行研究的根据，是来自有机存在的总经验的。正如在猛禽类或松柏类的历史中我们不能预测会不会或何时会有一个新物种出现，在文化的历史中我们也不能预测会不会或何时会有一个新的文化出现。但是当一个新的生命已在子宫中形成或当一粒种子已落入土中之后，我们就确知这种新生命进程的内在形态；我们也知道它的发展和完成的平稳进程可以被外界压力所扰乱，但决不能为外力所改变。

再者，这种经验也教导我们，今日控制地球整个范围的这个文明[31]并不是一个第三时期，而是西方文化的一个阶段，一个必然的阶段；它与其他文化中相应的阶段的唯一不同之处，只在它向外扩展趋向的强烈。经验，至此已到了尽头，一切研究未来人类生活要由何种新形态所控制的假想，甚至是否还有新形态出现的问题，一切由"想当如此，必当如此"出发而作的宏大悬想，都是无聊的事业，由我看来，那都是如此地无济于事，以致任何稍有意义的一个人生也不值得消耗于这种事业中。

高等文化这一集团，作为一个集团来说，不是一个有机的单位。它们的正合此数，正在这些地方和这样时候出现，对人力所能见到的来说，都是没有意义的偶然事件。反之，各个文化的进展步骤是如此的鲜明，以致中国、马古（阿拉伯）和西方世界的历史学，实际往往就是这些文化中有知识的人的共同认识，已经树立起一套尽善尽美的阶段名称〔七〕。

所以，历史观有双重任务，一是比较地研究各个文化的生活进程，一是探讨各文化之间一些偶发的和不规则的相互关系而钻研其意义。显而易见地，第一个任务的必要性是至今仍被忽视的。第二个任务曾经被人注意，但所用的是在全部繁杂事物之上强加因果关系的那种偷懒的和肤浅的方法，把一切都齐齐整整地纳入一个假想的世界历史的"格局"（Gang）之中，以致令人既不可能明了这种难以捉摸的但是意义深远的相互关系的心理，也不可能掌握任何个别文化的内在生活。实际说来，解决了第二个问题是解决第一个问题的条件。文化间的关系是很有不同的，连在时间和空间的简单问题上也是如此。十字军使一个早期文化碰到一个衰老成熟的文明；在克里特—迈锡尼世界是一个萌

〔七〕歌德在他的一篇小品文《精神的划代》Geistesepochen）中，曾经称一个文化的四个阶段为前期、早期、晚期和文明期——这个见解是如此的深刻，以致到今天我们对它也无可损益。参看上卷卷尾所列的那些分期表，那都是依此划定的。（原注）

芽期与一个秋景在并存。一个文明可以蔓延到极远的地方，如印度文明之自东流入阿拉伯世界；它也可以老迈龙钟的和死气沉沉的一套去窒息一个童年文化，如古典文明之自西流入阿拉伯世界。除此之外，文化间的关系在性能上和强度上也有不同。西方文化主动地去寻找关系；埃及文化尽力地避免关系。西方文化一次又一次地遭受到外来关系的悲剧性的打击；古典文化由外来关系中受益良多而自己不受损害。但是这一切都导源于各个文化的精神本质，它们往往比较各个文化所遗留的文字记载还更多地帮助我们取得理解，因为文字记载时常是掩盖多于揭露。

XI、整个人类之无历史

人类世界的这幅图景，注定要取代至今仍然支配着知识最高的人的意识的上古、中古、近代的那幅旧的图景。在这个图景之下，我们有可能对于"什么是历史"这一古老问题提供一个新的答案，对于我们的文明来说，我想这也是最后的一个答案。

朗克在他的《世界史》的序言中说："只在古迹已可辨认，并已有真实的文字纪录可凭时，才有历史。"这是一个资料搜集者与资料整理者的答案；显然地，这是把实际发生过的事物与某一时刻呈显在某一研究者视线之内的事物混为一谈的一种做法。马豆尼约在浦拉提伊被击败[32]——如果二千年后此事已被历史家遗忘，它就不再是历史吗？一个历史事实，必须记录在书本上，才算是历史事实吗？

朗克以后最有威望的历史家爱德华•麦耳[33]说："历史的就是今天或过去曾经发生作用的……只在经过历史研究，把某一些过程由它同时的无数其他过程中提炼出来之后，它才成为一个历史事实。"[八]这个论断是十足的黑格尔的风格和精神的表现。首先，它的出发点是事实本身，而不是偶然性的对事实是否知道的问题；我们在本书中所提出的正是这种观察历史的出发点，它叫我们假定头等重要的伟大事件过程的存在，即或在狭义的学术意义上我们不知道，也永远不能知道它们曾经发生。我们必须学习，用最概括的方法去处理所不知的事物。其次，真理存在于心灵中，事实只有存在于对生活的关系中。历史研究，我所谓"形态识力"，是由血气来决定的；这种能力在判断人物时可以鉴往知来，对人对事有内在的敏感，知道某一事物曾经发生并且必曾发生。它并不是单纯的知识分辨和资料掌握。对于每一个真正的历史学家来说，知识方面的经验是附加的和次要的。这种经验，通过烦琐的和重复的证明，用学习和灌输的方法，去影响人的理智意识；实际上，真智在一刹那间的豁然贯通中对此就可一目了然。

就是因为我们的浮士德性格的力量今日已经制成了任何其他的人或任何其他的时代所不能把握的一个内心经验的境界；就是因为对于我们来说，最古远的事物日愈显得意义重要，日愈相互联系，而这些都是任何其他的人，包括事物当代的那些人本身，所不能体察的——在若干世纪前仍然不是历史的许多事物，今天已经成为历史，那就是说，成为与我们的生活合拍的一部分。塔其图[34]可能"知道"有关提比略·革拉库（Tibrius Gracchus）的革命的史实，但在他心目中那个革命已经没有任何有效的意

〔八〕见《历史的理论和方法》*Zur Theorie and Methodik der Geschicthe*），《杂文集》*Kleine Schriften*），1910——这一位反对一切哲学的人所写的最好的一篇历史哲学。（原注）

义，而在我们的心目中它却充满了意义。一性论派㉟的历史以及它与穆罕默德教环境的关系，对于伊斯兰信徒就毫无意义的，但是对我们来说，它显然的是另一局面之下的英国清教运动。对于一个已把全球看成其舞台的文明的世界观来说，分析到最后，任何事物都不能说是没有历史意义的。十九世纪所了解的上古、中古、近代的历史体系，实际只包含经过选择的一些比较显而易见的历史联系。然而古中国和墨西哥的历史已经开始对我们发生的影响是更微妙的和更高超的。至此，我们已是在探索生活的最终要求。我们是在从另一生活进程中去了解我们自己，去了解我们必然如何，终将如何。这是我们未来的大学校。仍然有历史可言的我们，仍然在创造历史的我们，由历史人类这种极远的疆界中发现了什么是历史。

在苏丹地方的两个黑人部落之间的战争，或恺撒时代克鲁斯奇人与卡提人㊱之间的战争，或者实质上相同的蚁群之间的战争，只是活的自然界中的一幕情节。但是如果克鲁斯奇人打败了罗马人，如在公元九年所发生的㊲，或是如果阿兹蒂克人打败了特拉斯卡兰人㊳，那就是历史了。于此，"何时发生"的问题也就重要了；每十年，甚至每一年，都有关系，因为我们是在面对一个伟大生活进程的发展，在这种发展中每一个决定性的事件都有划时代的作用。于此，是有一切事物所共同追求的一个目标的，是有一个精神存在在企图完成它的命运的，是有一定的节奏的，是有一个有机的年限的；这并不是像塞其提人㊴，高卢人或加勒比人㊵之间的那种起落无定的变化，那种起落无定的变化的情节是与一个海狸群中或草原地带一个羚羊群中的变化同样的没有意义的。这都是动物界的问题，只在我们另一范畴的视界中才有地位，那就是说，只在我们不是在注意个别民族或人群的命运，而是在注意作为物种的人类、羚羊或蚁类的命运的时候才有地位。原始人类只在生物学的意义上才有历史，一切史前史的研究都仅此而已，人类对于火、对于石器、对于金属、对于制造武器的机械原理的日愈熟练的知识，是人类作为一个物种及其内在可能性的发展。在这个历史境界中，一个部落为何目的而利用这种武器去对付另一部落，是毫不重要的。石器时代和巴罗克时代，一个是物种生活史的阶段，一个是文化生活史中的阶段；物种和文化是属于两种根本不同的世界的两种有机体。在此，我要对一直损害一切历史思想的两种假定提出抗议：一个就是认为全人类有终极目的的看法，一个就是否认一切终极目的的看法。生命是有目的的，那就是完成它受生时所禀赋的命运。但是每一个人，由一出生就一方面属于一个高等文化，一方面属于人类这一物种，对他来讲，没有第三种生存的范畴。他的命运或是属于动物的境界，或是属于"世界历史"的境界。"历史的人"，在我对此词的了解中，也是在所有伟大历史家所认为应当有的了解中，是一个大踏步完成自我使命的文化中的人。在此之前，在此之后，在此之外，人是没有历史的：他所属的那一民族的命运，其无足轻重正如当我们所注意的是天文界而不是地质界时地球命运之无足轻重是一样的。

由此，我们获得有决定意义的重要性的一个结论，一个过去向来没有被提出的结论，那就是，人类不仅在高等文化诞生之前是没有历史的，并且当一个文明已经完成了显示文化生活的发展已告终结的最后形式时，当有意义的存在的终极可能性已经枯竭时，人类就变成又没有历史的了。我们所看到的色特一世（公元前一三〇〇年）之后的埃及文明和一直到今日的中国、印度、阿拉伯文明，尽管它们宗教的、哲学的尤其是政治形态的一层外衣很是巧妙，实际都又是原始时代动物界那一老套的起伏无定而已。关于在巴比伦稳坐江山的究竟是像卡西人那样粗野的军事集团，或是像波斯人那样优雅的文物继续者；他们统治何时开始，维持多久，成败如何等等——这一切，由巴比伦看来，都是没有意义的。当然，这些对于居民的祸福是有影响的，但事物无论如何发展，也不可能改变此一世界的灵魂已经灭亡因而一切事变都不再赋有深刻意义的这一事实。在埃及有了一个本土的或外来的新朝代，在中国发生了一次革命或一次征服，在罗马帝国进来了一个新的日耳曼部族——这些都只是自然景物的历史中的因素，与动物区系的变化或一个鸟群的移栖没有两样。

在高等文化人类的真正历史中，斗争的目标和剧烈竞争的基础，总是为求取一种本质上属于精神范畴的事物的实现，为求取把一个意象体现为一个活的历史形态；即或是主事者和追随者对于他们自己的行动、目的和命运的象征作用完全不自觉，事实仍然是如此。这个道理适用于伟大艺术风格之间的斗争发展，如哥特式和文艺复兴式；也适用于哲学，如斯多亚派和伊壁鸠鲁派；也适用于政治理想，如寡头政治和僭主政治；也适用于经济形态，如资本主义和社会主义。

在高等文化以后的历史中，这一切就都谈不到了。所余的只有纯粹的权力之争，纯粹的兽性利益之争。前此的权力，即或是表面上没有什么精神力量在推动，总是在此种形式或彼种形式下在为一种理想服务；但是到了文明的晚期，即或是最动听的一种理想的幻想也只是纯粹兽类之争的一个假面具。

释迦牟尼之前的印度哲学与释迦牟尼之后的印度哲学，其区别就在于前者是通过印度灵魂并在印度灵魂之中实现印度思想的目的的一个伟大运动，后者只是对于已经凝结而不能再发展的一套思想积累去无休止地翻覆新花样而已。答案已经有了，并且是一成不变了，只有提出答案的方式仍在变化。汉朝成立之前与汉朝成立之后的中国绘画也是如此，不管我们是否掌握材料；新王国成立之前与新王国成立之后的埃及建筑也是如此。在工艺上，问题也没有两样。今天的中国人接受西方的蒸汽机和电气，其接受时的情景以及神秘感与四千年前接受青铜和耕犁时是完全相同的，也与更早接受火时是完全相同的，在精神上，两者都与周代中国人为他们自己所作的发明完全不同；后者每次都意味着他们本身历史的一个发展阶段〔九〕。此前和此后，一百年也远不如高等文化期间十年甚至一年那样重要，因为时间的幅度已逐渐返回到生物界的范畴了。是这个道理使这种晚世情景（生活在其中的人把它视为当然的）赋有一个不变的庄严的特征，以致凡是真正属于高等文化的人，如到埃及的希罗多德和马可波罗以后到中国的西方人，当把它与他们自己世界那种生气勃勃的紧张发展相比较时，都对它感到惊讶不已的。那正是"非历史"的永恒景象。

在阿克庭之战㊷和罗马太平秩序建立之后，古典世界的历史不是已经终结了吗？自此之后，就不再有集中表现整个文化的内在意义的那些伟大关头。非理性、兽性开始占统治地位。一种事态发展的结局究竟如何，对于全局来说是无足轻重的，虽然对于个人的祸福还是有关系的。一切重大的政治问题都已经解决了，在每个文明中它们迟早是要解决的，实际它们是不再被人认为问题，不再被人提出。再往后不久，人们就将不能了解，在早

〔九〕日本原来属于中国文明，今天又属于另一个文明，即西方文明。严格讲来，向来没有过一个日本文化。所以，日本的美国文明形式必须用另一方法看待㊶。

期那些紧急关头中所牵涉的究竟是什么问题。一个人在自己生活中所没有经验的事，他也不能想象在别人生活中那是怎么一回事。当后世的埃及人谈希克索斯时代时，或当后世的中国人谈与此相应的战国时代时，他们都是在根据他们自己生活方式的标准去对表面形象作判断，而在他们的生活方式中已经不再有什么不可解的问题了。他们所看到的只是纯粹的权力之争，他们看不到那些拼死的对外的或国内的战争（在这些战争中甚至有人不惜假借外力以对付自己人），其目的都是为追求一种理想的。对于围绕着提比略·革拉库和克娄底约㊽的被杀所发生的那种可怕的一张一弛的变动，我们今天了解那是怎么一回事。在公元一七〇〇年时我们还不可能了解，到二二〇〇年时我们就又不了解了。关于拿破仑式的人物凯安㊹也是一样，在后世的埃及历史家看来，他只不过是一个"希克索斯王"而已。若没有日耳曼人进来，一千年后的罗马历史家很可能会把革拉库兄弟、马略、苏拉和西塞罗混在一起而说成被恺撒推翻的一个朝代。

比较一下提比略·革拉库的死讯与尼禄的死讯（即当罗马听到戞尔巴㊺起兵的消息的时候）；或比较一下苏拉对马略党的胜利与谢浦提米约·谢弗罗㊻对丕森尼约·尼泽㊼的胜利。如果在后一种事例中，其结局不同，帝国时代的历史进程会受丝毫的影响吗？对于庞培和奥古斯都的"元首制"与恺撒的"帝制"，像孟森和爱德华·麦耳〔十〕㊽两人煞费苦心所作的那种分别解释，实际上完全是无的放矢。到了那个阶段，整个问题已只是一个政治组织的问题，虽在五十年前那仍然意味着不同理想的对立。当在公元

〔十〕见《恺撒的帝制与庞培的元首制》*Cäsars Monarchie und des Principat des Pompejus* 1918，S，501ff）原注）

六八年分跌克斯和戛尔巴⑲声称要恢复"共和国"时，他们都是在有真正象征作用的概念都早已消失时去拿概念作赌注，到那时唯一的问题就是谁握有直截了当的强力的问题。对于恺撒名号的争夺，变得越来越野蛮；如听其自然，它会一代一代地在日益原始的，所以也就是"永恒的"形式下继续下去。

这些居民已经不再有一个灵魂。所以他们也就不能再有自己的历史。他们最多只能在作为另一个文化的历史活动的对象时再获得一点意义，而这种关系的任何较深的意义都由外来生活的意志所决定的。在一个古老文明的土壤上所发生的任何有作用的历史事物，其意义都来自别处的事物发展过程。而绝不来自本地居民在事物中所扮演的任何角色。所以我们又发现了，"世界史"的全景是有两种形象的，即伟大文化的生命过程和文化之间的相互关系。

注释：

①波列为物理学名词，指一系列的波而言；此一系列与下一系列之间，隔着一个静止的阶段。

②德国历史中称反攻拿破仑和驱逐拿破仑的战争（一八一三至一八一五）为"解放战争"。

③夫利舍群岛在北海，属于荷兰。

④约亚金·夫罗利是十二世纪晚期的意大利修道士（约一一四五至一二〇二）。

⑤按，指十二世纪末神圣罗马帝国皇帝亨利六世（一一九〇至一一九七）。

⑥"狮子"亨利为十二世纪撒克森及巴伐利亚的公爵（一一二九至一一九五）。

⑦独伊托堡格林野为德国西北境一个有名的大林，公元九年日耳曼人

在此处大败罗马军队。

⑧歌德原为魏玛公国政界的一个要人，后来于一七八八年他辞去一切现职；只保留一个闲散的职位，而决定此后专门致力于文艺和科学。他的戏剧《塔索》于一七九〇年出版。

塔索（一五四四至一五九六）为意大利十六世纪的著名诗人，歌德以这位前代诗人的身世为题，来说明文艺境界与政治境界之间的不相协调。

⑨康德；拉普拉斯——此处提到康德，所指不是他中晚年的哲学作品，而是指他早年时期（一七五五年）所写的一本《地球通史和天象总论》，这在自然科学史上是最早有系统地以自然发展观去解释宇宙起源的一种理论。这本作品，康德自己向来没有发表，到他死后四十多年（一八四五年）才被发现。

拉普拉斯（一七四九至一八二七）为法国天文学家和数学家，他在一七九六年发表星云说，几年之后又有系统地和全面地发表此说。在这发生作用的科学史上，是最早以科学方法解释宇宙起源的一种学理；但就写作的先后来说，康德在几十年前就已提出相类的说法。

⑩居维（一七六九至一八三二）是法国的生物学家，在科学史上被公认为比较解剖学的创始人。书中此处提到他时，是特别提到他的"暴变说"。他认为地球上过去曾发生过多次暴变，每次暴变之后，所有的生物都死亡，然后又有新的生物出现。在达尔文以前，在十九世纪早中期，此说流行于生物学界。

⑪来耶尔（一七九七至一八七五）为英国地质学家，于一八三〇年发表《地质学原理》，是科学史上最早以自然发展说来解释地壳形成的一本作品。

⑫达尔文的《物种起源》，发表于一八五九年。拉马克（一七四四至一八二九）是法国杰出的博物学者，无脊椎动物学家和生物进化论的先驱者。他的生物进化论与后来达尔文进化论所不同的，是他错误地强调动物欲望和意志在进化中起巨大作用。

⑬方·布赫（一七七四至一八五三）为德国地质学家。

⑭《原始大地》：Protogaea——这是莱布尼茨根据希腊文所自造的一

个名词：proto=原始；gaea=大地。

⑮鲛类（学名：Selachii）——关于鲛类，在生物学分类中，意见尚不一致，比较普通的是把它看为一个亚纲。鲨鱼即属于鲛类。

⑯硬骨类（Teleostei）包括现存的多数鱼种。

⑰羊齿（Fern）为植物学中的一目，目的学名为 Filicales.

⑱木贼（Schachtelhalm）为植物学中的一种，科学的学名为 Equisetaceae.

⑲显花植物（Blütenpflanze）学称 Phanerogamia 与隐花植物（学称：Cryptogamia）相对。早期的植物为隐花植物，羊齿和木贼为隐花植物；今日的植物世界以显花植物为主。

⑳德·夫利斯（一八四八至一九三五）为荷兰的一位植物学家。

㉑按，此处所指为一物种、物属等由在世界出现到消失的大寿命，不是个体的寿命。

㉒"洪积世"（Diluvial）地质学中较旧的概念和名称，今日称为"冰河期"。

㉓"追覆乐曲"，原文为法文 fugue，在音乐中是旋律配合比较复杂的一种多音部乐。施本格勒喜欢把历史文化中不同的部门相互混用，此处是在以音乐中的一种复杂节奏现象来描写他认为不知其所以然的一种自然界重大变化。

㉔佛罗本尼勿斯（一八七三至一九三八）为德国的人种学家。施本格勒原注中所列他的第二本书名中的"棑德马"一词，意义不明；由上下文看来，大概是非洲西北部一个较小的地名或部落名称。

㉕种族心理学（Völkerpsychologie），十九世纪晚期和二十世纪初期在德国特别流行的资产阶级心理学的一个部门，创始人为冯特（一八三二至一九二〇），以心理现象来解释历史发展，特别注意原始阶段。在法国和英美，资产阶级心理学这一部门没有盛行，少数心理学家曾经注意历史较近时代的社会心理现象，称为社会心理学：La psychologie sociale（法）Social psychology（英）。

㉖奥利尼亚人种，是以一九〇九年在法国奥利尼亚地方所发现的遗骸为代表的，属于旧石器时代晚期。资产阶级学者对此人种的归属关系，有两种不同的意见；有人认为他与今日世界的智人种（Homo Sapiens）属于同一物种，有人把他区分为另一物种，学名为 Homo Anrignacensis。施本格勒在他的书中接受后一种说法。

㉗印度日耳曼语族，即一般所称印度欧罗巴语族，德国人往往喜欢用前一名词。

㉘"文化前期"（Vorkultur）是施本格勒所自造的一个名词。

㉙"道"，原词为"es"，英文对译为"it"。此词意义虚玄，难以恰当地译出，可以勉强译为"道"。两三千年来，"道"在中国思想史中意义甚多，我们此处所取的是"道"的神秘含义。

资产阶级人类学、人种学、心理学、比较宗教学等一类的学术中，喜欢用 es 或 it 这个名词和概念，大意是指宇宙、自然以及所谓人性背后的一种不可捉摸的所谓神秘力量和神秘作用。

㉚大我（Kosmische，也可作 macrokosmische）和小我（microkosmische）是资产阶级哲学中及一些其他学术领域中惯用的两个名词：前者指整个宇宙，后者指个人；或指人类比较具体的一些活动表现。

㉛在施本格勒的用词中，"文化"（Culture）有两个意义，一是指一个文化的全部发展，一是特指早中期的发展；在后一种用法上，他称全部发展的晚期为"文明"（Civilisation）。

㉜浦拉提伊之战，公元前四七九年希腊对波斯战争中的一个决定性战役，当时波斯的统帅为马豆尼约。

㉝爱德华·麦耳（一八五五至一九三〇）是德国历史学家。

㉞塔其图（约五五至一一七）是古罗马的历史学家。

㉟一性论派（Monophysites）是拜占廷帝国内部基督教的一个派别。

㊱克鲁斯奇人和卡提人是两种日耳曼部族。

㊲按，指独伊托堡格林野之战——见译注⑦。

㊳特拉斯卡兰人，属那瓦族。那瓦各族是古墨西哥较晚时期的重要部

族，被西班牙人侵略的古墨西哥各国，大多是那瓦人所建立的国家。

㊴塞其提人，古代希腊、罗马人对亚欧大草原多数游牧部族的称呼，中国古史中相应的名称为"塞"（见汉书九十六西域传"罽宾"条）。

㊵加勒比人，西班牙人入侵在西印度群岛和南美北部势力强大的一种部族。

㊶按，此句原文为：Der Japanische Amerikanismus ist also anders zu beurteilen 其意义不够明确。由上下文看来，施本格勒大概是在说，日本所接受的以美国形式为主的西方文明的那一套，不是由日本历史中自发地出现的，因为没有过一个日本文化，所以也不可能出现一个日本的文明。

㊷阿克庭为希腊西岸的一个古城，公元前三一年奥古斯都于此地取得大胜，罗马帝国实际成立。

㊸克娄底约（公元前九三至前五二），为罗马政治活动家，本属贵族阶级，后来正式宣布放弃贵族身份，投身于平民的行列中。最后在斗争中被人杀害。

㊹凯安为希克索斯时代（公元前一六八〇至前一五八〇）活动范围较广的一个埃及法老，刻有凯安名号的古物，在克里特、巴勒斯坦和巴比伦都有发现。

㊺戛尔巴的起兵，实际上成了尼禄自杀的信号。戛尔巴任罗马皇帝一年（六八至六九）。

㊻谢浦提米约·谢弗罗，罗马皇帝（一九三至二一一）。

㊼丕森尼约·尼泽是与谢浦提米约·谢弗罗争夺帝位的敌手，最后战败被杀。

㊽麦耳——见译注㉝。

㊾分跌克斯和戛尔巴两人都是起兵反对尼禄的人。关于戛尔巴，见译注㊺。

（原载中国世界古代史研究会、内蒙古大学历史系合编的《世界古代史译文集》，内蒙古大学学报编辑部 1987 年出版）